¿QUÉ ES UNA CASA MÁGICA?

Puede ser tu hogar, tanto si vives en una mansión o en un quinto piso sin agua caliente ni ascensor. Puede hacer que tu llegada a casa, después del trabajo o de la escuela, sea un placer, en vez de solamente un lugar a donde ir. Puede hacer tu vida más feliz y más plena.

LA CASA MÁGICA sabe que cada cosa en el mundo tiene algo inherentemente especial. Casi siempre ignoramos estas cualidades intrínsecas, pero algunas veces las dejamos fluir. Esto es lo que nosotros llamamos magia, no la magia de complicados rituales o caros montajes. Sólo la magia que hay en la misma vida.

En *LA CASA MÁGICA* aprenderás a sacar la magia que hay en tu entorno personal. Aprenderás magia para la cocina: Alquimia. Aprenderás magia para el dormitorio: sueños proféticos, curaciones nocturnas, atracción amorosa. Aprenderás magia para los muebles, la carpintería, las ventanas, e incluso cómo tus queridos animales domésticos pueden mejorar tu vida.

**ES TODO SENCILLO, FÁCIL Y SEGURO.
NO ES NECESARIO NADA MÁS QUE ESTE LIBRO
Y LO QUE YA TENGAS EN TU HOGAR.**

Aprenderás hechizos para la prosperidad, para el amor y para la salud. Aprenderás sencillos rituales para ayudar a purificar tu hogar y salvaguardar a sus ocupantes. Aprenderás a transformar tu hogar en uno, donde las realidades físicas y espirituales, a la vez, sean reconocidas y exploradas, y donde los ritos místicos se celebren como una parte natural de la vida.

SI NO TE INTERESA LA MAGIA, NECESITAS ESTE LIBRO, porque aquí aprenderás con sencillez y seguridad a cambiar tu vida y sentirte más feliz y más sano. Aquí aprenderás antiguos secretos para tu seguridad y satisfacción. Aquí aprenderás a convertir tu vida en lo que quieres que sea.

SI TE INTERESA LA MAGIA, NECESITAS ESTE LIBRO.

En el descubrirás secretos tradicionales largo tiempo ocultos para las mayorías. Aquí descubrirás que magia puede ser más que algo que sólo se hace ocasionalmente. Puede ser parte de tu vida —24 horas al día—. Aquí encontrarás magia para la cocina, para las puertas, para el jardín interior, para el baño, para la cosmética, para los animales domésticos, incluso para el garaje. Aquí aprenderás hechizos protectores y guardianes para el hogar.

EL HOGAR MÁGICO puede ser tuyo, no te llevará años mejorar tu vida. Solamente necesitas el deseo de conseguir lo mejor para tu vida y la de tus seres queridos. ¿Por qué no empiezas ahora?

Acerca de los Autores

DAVID HARRINGTON vive en Chula Vista, California, y hace mucho tiempo que está interesado en la mágia del hogar. En la actualidad está trabajando en un nuevo proyecto. Este es su primer libro.

SCOTT CUNNINGHAM escribe exclusivamente sobre temas de ocultismo y de la nueva era. Sus últimos proyectos incluyan un trabajo de investigación sobre los aspectos mágicos de los alimentos y una guía a la antigua magia de Sumeria y Babilonia.

OTROS LIBROS
POR SCOTT CUNNINGHAM

Magical Herbalism
The Truth About Witchcraft Today
Earth Power (El Poder de la Tierra. Editorial Mirach S.A., Madrid)
Cunningham's Encyclopedia of Magical Herbs
The Magic of Incense, Oils and Brews (El Libro Completo del Incienso, Aceites y Pócimas, Luis Cárcamo, editor. Madrid)
Cunningham's Encyclopedia of Crystal, Gem and Metal Magic. (Enciclopedia Cunningham de la Magia de los Cristales, las Gemas y los Metales. Editorial Mirach S.A., Madrid)

Acerca de las Series de Magia Práctica

Para algunas personas, la idea de que la magia sea práctica puede sorprenderles. No debería ser así. El fundamento total de la magia es influir sobre nuestro propio entorno. Al mismo tiempo la magia está debidamente relacionada con el crecimiento espiritual y la transformación psicológica. Incluso la vida espiritual debe asentarse firmemente en bases materiales.

El mundo material y el psíquico están relacionados y es este hecho lo que establece el lazo mágico: que lo psíquico pueda influir en lo material y viceversa.

La magia puede, y debería ser usada en nuestra vida cotidiana para vivir mejor. A cada uno de nosotros le fue dada una Mente y un Cuerpo y con toda seguridad tenemos la obligación espiritual de utilizar totalmente estos maravillosos regalos. Mente y Cuerpo trabajan juntos, y la magia es simplemente la extensión de esta interacción dentro de dimensiones que van más allá de límites normalmente concebidos. Esto es a lo que nosotros llamamos "Supernatural" en relación con el dominio de la magia.

El cuerpo está vivo, y toda Vida es una expresión de la Divinidad. Hay poder divino en el cuerpo y en la Tierra, como lo hay en la mente y en el espíritu. Con Amor y Voluntad, nosotros usamos la mente para enlazar estos aspectos de la Divinidad entre sí para originar el cambio.

Con la Magia incrementamos el flujo de la Divinidad en nuestras vidas y en el mundo que nos rodea. Aumentamos la belleza de todo ello. Para hacer magia debemos trabajar en armonía con las leyes de la Naturaleza y de la Mente.La magia es el florecimiento del potencial humano. La Magia Práctica ésta relacionada con el arte de vivir bien y en armonía con la Naturaleza y con la Magia de la Tierra, en las cosas de la Tierra, en las estaciones y en los ciclos, y en las cosas que hacemos con las manos y con la mente.

La Casa Mágica

**Fortalezca Su Hogar,
Protéjalo y Consiga Amor,
Salud y Felicidad**

Scott Cunningham
y
David Harrington

1993
Editorial Mirach, S.A.
Villaviciosa de Odón, 28670 MADRID (España)

Título del original en Inglés: "The Magical Household"
Autores: Scott Cunningham & David Harrington
Published by Llewellyn Publications. St. Paul, MN 55164 USA
Copyright ©1987 by Scott Cunningham & David Harrington
©para todas las ediciones en lengua castellana:
    Editorial MIRACH, S.A.
Traducción al castellano: Equipo Editorial
©de la traducción: Editorial MIRACH, S.A.
Primera edición: 1993
Publicado por acuerdo con Llewellyn Publications
ISBN: 84-87476-47-3
Depósito legal: B-27220-1993

Impreso por Editorial Humanitas, S.L. - Centro Industrial Santiga Talleres 8, Nave 17 - 08210 Barberà del Vallès - Barcelona (ESPAÑA)

DEDICATORIA

a la amistad

AGRADECIMIENTO

Agradecemos a Morgana de Haway, por permitirnos amablemente incluir alguno de sus hechizos en este libro. *Mahalo mi loa.*

Los autores también desean expresar su agradecimiento a todos aquellos que compartieron su propia magia casera con ellos.

ÍNDICE

PREFACIO

Anteriormente, en 1982, David Harrington me sugirió que escribiese un libro acerca de los aspectos mágicos del hogar (el título original del trabajo fue *La casita de la bruja*). Pensé que era una gran idea. A pesar que se había escrito mucho sobre Magia en los últimos quince años, poco se había hecho con respecto al hogar y sus místicas cualidades. Lo mismo que *Herbolismo Mágico* fue el resultado de una carencia de publicaciones sobre hierbas mágicas, Magia del hogar parecía ser un tema ideal para un libro.

Pronto me di cuenta que, aunque yo había vivido una vida mágica durante más de una década, escribir un libro sobre magia del hogar no era una tarea fácil. David y yo discutimos la idea durante algún tiempo.

Estábamos de acuerdo en que era un proyecto interesante, pero no encontraba la clave para convertirlo en un libro.

Un día, cuando David me preguntó acerca de *La casita de la bruja*, yo le dije que si quería ver realizado ese libro, tendría que escribirlo él o ayudarme a escribirlo.

Empezamos la víspera de Año Nuevo. En los meses siguientes mientras yo trabajaba en lo que iba a ser la *Enciclopedia de las Hierbas Mágicas de Cunningham,* emborronábamos ideas, impresiones y rituales en el papel. Largas, lluviosas tardes, pasadas en la biblioteca pública de la parte baja de la ciudad de San Diego,donde investigabamos antiguas costumbres caseras, mezcladas con noches en las que escudriñábamos en nuestras propias bibliotecas para llenar las lagunas de nuestros conocimientos.

Pasados dos años, finalmente compusimos un libro de poco valor. No era lo que nosotros habíamos pretendido, por tanto yo continué refundiendo, corrigiendo y ampliando información, con David suministrándome inteligentes observaciones y críticas eruditas en cada línea.

13

Pronto *El Poder de la Tierra* y la *Enciclopedia* se publicaron.
Durante algunos meses, dejé a un lado *La Casa Mágica* (el segundo título del trabajo) y me concentré en terminar otros proyectos —La magia del Incienso, un libro todavía sin título (pero
casi terminado) sobre Wicca, y varias novelas. Tan pronto tuve
un respiro, a finales de 1985, me puse a pulir el borrador y ter-
miné este libro.

La Casa Mágica es el resultado de los sueños, imaginación y
estudios de dos personas. Aunque yo puse la mayoría de las palabras en el papel, el libro es tanto de David como mío, porque
es el resultado de su amor al hogar mágico, y por las arcanas
costumbres de tiempos pasados.

Por tanto, bien venidos finalmente, a esta casa entre páginas: Échese en su sillón y beba te de hierbas, mientras examina
el lugar. Es mi más profundo deseo —como estoy seguro es el
de David— que usted se sienta como en casa mientras lee este
libro dentro de su propio Hogar Mágico.

INTRODUCCIÓN

La casita de la Bruja estaba situada al final del bosque, donde exuberantes matorrales, hierbas silvestres y zarzas formaban un espeso laberinto entre viejos robles, pinos y retorcidos espinos. Un sendero de piedras serpenteado de follaje verde y gris, entre las hierbas, capullos con los colores del arco iris, se mecían gentilmente en la brisa perfumada de rosas.

Un cubo de madera se columpiaba en el pozo de piedra, el cual estaba plenamente protegido contra la contaminación, por estrellas y espirales profundamente grabadas a su alrededor.

Un dragón, con una garra levantada, volaba encima de la casa, moviéndose con el viento, cabalgando en una flecha de hierro forjado.

La veleta dirigía el hechizo de la vida de la casita en temas que iban desde determinar el horario de los conjuros hasta adivinar el futuro.

Al lado de la arqueada puerta de la casita, florecía un serval, brillantemente salpicado con manojos de granos escarlatas. De la chimenea de ladrillos, el humo serpenteaba en espiral, enviando pavesas de madera que remolineaban entre la niebla.

Dentro, al pasar la puerta reforzada con hierro, la casita era cálida, acogedora, impregnada de exóticas esencias y de vibraciones de benéficas fuerzas.

Encima de la puerta, una herradura —con las puntas clavadas hacia arriba— permitía entrar a la casa sólo al bien. A lo largo de la habitación, hierbas espinosas para ser usadas más tarde en pócimas y brevajes se secaban colgando de las baldas, mientras algunas raíces estaban cerca de la chimenea.

Herrajes de caballo reflejaban el brillante fuego a lo largo de la pared de ladrillo que revestía su interior. Lunas crecientes, estrellas, grifos y ardientes soles —en un principio destinados para proteger a los caballos— añadían su magia a la casa.

En cada rincón y esquina de la casa, abundaba la magia. Los alimentos se bendecían antes de cocinarlos, las camas se situaban de Este a Oeste, una escoba estaba en el suelo delante de la puerta, un ramo de hierbas, atado con un cordón rojo, colgaba de una silla, ninguna parte de la casita de la Bruja se había dejado de bendecir y proteger por los poderes de la Magia.

La vida dentro del hogar concordaba con su arcana naturaleza. La dueña de la casa, una estudiosa de Magia, veía magia en todo el trabajo de su vida, desde que se levantaba con el Sol, hasta caer exhausta después de un día de hilar y tejer, cocinar, cosechar, limpiar, meditar y hacer conjuros.

Esta podía ser la casa mágica del pasado, cuando curativos hechizos, conjuros y pócimas, espíritus del hogar, magia de hierbas, brujas, magos y fantasmas se aceptaban como algo real. No había parte de la vida diaria a la que no alcanzase lo desconocido. Todos los aspectos de la existencia estaban bañados de tradición mágica y de ceremonia.

Las estructuras que albergaban y protegían a aquellas primitivas gentes, eran más que ladrillos, cañas o troncos. Las casas eran centros psíquicos, pozos de energía protectora, en los cuales vivían las familias para protegerse de los peligros de la vida diaria.

La casa era también una capilla a la divinidad de la vida en sí misma. Sus tejados y paredes servían como escudo contra las fuerzas de los elementos (a la vez físicos y mágicos) y guardaban la suerte, espíritu o energía del hogar, mientras que su puerta protegía de intromisiones no deseadas. La casa sostenía la vida, era sagrada y poderosa.

Hoy en día, sin embargo, hemos perdido esta mística consideración por nuestros hogares. Incluso aquéllos de nosotros con interés por las olvidadas formas de Magia, frecuentemente no vemos sus poderes e influencias en el trabajo de nuestra vida diaria.

Afortunadamente no es difícil crear un hogar mágico, modelado según antiguos ritos y formas mágicas.

No es necesario trasladarse a una casita en el bosque o a un húmedo castillo en lo alto de una montaña. Será su propio hogar, tanto si es un pequeño apartamento estudio o una casa de tres pisos. Una casa mágica es una que está a tono con los ritmos y energías de la Naturaleza.

Tampoco se necesita llegar a ser una Bruja o un Mago para poner su hogar a tono con la Magia inmemorial, ni tiene que cambiar sus creencias religiosas si las tiene.

Si vive con otros: familia, cónyuge o compañeros, ellos pueden participar en la magia de la casa o no, como ellos quieran.

Si mientras lee este libro algo llama su atención y quiere intentarlo, hágalo. Ésta no es una historia académica de casas místicas, sino una guía práctica para transformar su vida y espacio vital.

Con un mínimo de tiempo e imaginación, la casa más moderna puede equipararse con las casitas encantadas de ayer. Para hacer esto no necesitamos dar la espalda a nuestro mundo ni apegarnos como esclavos a antiguos modos de pensar.

De todas formas, podemos coger pistas del pasado y crear una atmósfera de armonía, seguridad, espiritualidad, protección y fábula en nuestros hogares. Los beneficios —una existencia más feliz, protección contra los ladrones, aumento de la salud, sueño reparador, satisfactorias experiencias espirituales y un perfecto entorno para la magia positiva— valen mucho más que los pequeños gastos de tiempo, dinero y energía.

Crear un entorno mágico y seguro en nuestros hogares significa lograr escapar de la realidad demasiado materialista de un mundo que ha vuelto la espalda al lado espiritual de la vida. La casa puede ser transformada en un reflexivo capullo de positiva energía que nos proteja de la tormentosa atmósfera de nuestro mundo.

Pero la casa mágica no es sólo una fortaleza. Es también un lugar donde la magia de la vida es admitida y celebrada a través de ritos y conjuros intemporales. Aunque no vivamos en una casita inglesa del siglo XVII, una cabaña de junco encaramada en la rivera del río Eufrates o en un árbol hueco en New Forest, podemos crear un lugar en el cual las realidades tanto físicas como espirituales sean conocidas y exploradas, llenando nuestras vidas de prodigio y emoción.

Nosotros controlamos el entorno de nuestro hogar. Lo mismo que el mago usa varita y hechizo para cambiar el mundo, nosotros podemos transformar nuestros impersonales apartamentos y casas en satisfactorias versiones de los mágicos hogares de antaño. Lo podemos hacer cogiendo ideas del pasado y aplicándolas hoy de manera que nuestras vidas se llenen con un futuro lleno de encanto.

UN APUNTE SOBRE MAGIA

Este libro es sobre Magia. Magia para todos los días, diseñada para mejorar nuestras vidas y hogares usted no necesita ser un experto en Magia para seguir estos sencillos ritos y conjuros. La única técnica avanzada que se le pide es el arte de la visualización. Visualizar es el acto de la imaginación controlada. Si usted puede traer a su mente el rostro de su mejor amigo, o a una bandera moviéndose en el viento, usted puede visualizar.

En Magia se usa la visualización para dirigir y controlar las energías mágicas. Básicamente el invocador crea una imagen visual del objetivo deseado del conjuro, tanto sea una salud perfecta, una casa segura, o proteger a un animal doméstico. Como pueden ver en las páginas siguientes, la Magia una vez dominada es fácil de realizar.

Aunque la visualización es la base de todos los conjuros (los cuales están proyectados —o deberían estarlo— para ayudarnos a mantener nuestras visualizaciones), es simplemente un instrumento que debería ser usado convenientemente. Debe estar claro en la mente del evocador para permitirle a él o a ella aumentar, concentrar y emitir energía para lograr el hechizo.

Tal vez al visualizar, usted encuentre que aunque lo está haciendo todo correctamente usted no siente nada. Esto es corriente, porque no hemos sido entrenados para reconocer —ni mucho menos para utilizar— nuestras mágicas habilidades. Siga practicando de todos modos, porque sus hechizos pueden arraigar aunque no sea el más experto mago innato. Incluso cuando sus hechizos sean efectivos, la Magia generalmente no brillará ante sus propios ojos. La prueba del éxito de la Magia es el tiempo, no resultados inmediatos que saltan a la vista.

Entonces, ¿qué es el poder mágico? Puede notarlo usted mismo frotándose las palmas de las manos enérgicamente durante diez segundos, a continuación manténgalas separadas unos po-

cos centimetros, sienta la energía pasando a través de ellas, el
cálido cosquilleo en sus palmas. Este es el poder usado y aumen-
tado en Magia, viene de nuestro interior y es perfectamente
natural.

Como éste no es un libro sobre técnicas mágicas ni de Filoso-
fía, me limitaré a dar instrucciones de "cómo hacer" en los temas tratados en el texto. Si usted está interesado en hacer un
curso de estudios sobre Magia,algunos de los libros relacionados en la biliografía podrán ser un punto de partida.

1 Ciencia Casera

Han existido siempre casas mágicas.
Las primeras viviendas, como todo escolar sabe, eran cuevas.
Los hombres prehistóricos se instalaron en cavernas y se establecieron. Donde las cuevas eran escasas o inaccesibles, las gentes paleolíticas construían tiendas o cavaban casas subterráneas.
Para protegerlas contra los efectos del mal tiempo, estas viviendas se situaban cuidadosamente con frecuencia a lo largo de los valles de los ríos debajo de sobresalientes promontorios.

Las tiendas se confeccionaban con pieles cosidas entre sí (se han encontrado antiguas agujas) mientras otras casas más sólidas, se cavaban dentro de la tierra y se techaban con cueros y pedazos de turba.

Para calentarse quemaban huesos y madera. Estas gentes primitivas estaban protegidas, cobijadas y razonablemente seguras. Los alimentos los encontraban a su alrededor.

Nosotros no podemos saber lo que las gentes del Paleolítico pensaban del mundo y de su lugar en él, ni podemos determinar su religión ni sus ideas espirituales. Algunos arqueólogos han formulado conjeturas basadas en las pinturas de las cuevas, grabados y estatuillas concernientes a su primitiva religión y pensamiento mágico, pero esto es simple especulación.

Sin embargo, esas gentes primitivas deben haber deseado muchas de las mismas cosas que nosotros deseamos, compañía, seguridad, alimentos, entretenimiento, sexo y satisfacción. Aunque sus hogares carecían de calefacción solar, vigas de acero y

21

garajes para tres coches, cumplían la misma función que los nuestros cumplen hoy: protección.

Estas gentes primitivas consideraban sus hogares como escudos contra los espíritus y fuerzas invisibles, los poderes que parecían impulsar al Sol y a la Luna a través del cielo, hacían destellar al fuego durante la noche y daban calor después de los mortales fríos del invierno.

Por tanto, la casa estaba empapada con cualidades mágicas, como lo estaba la mayor parte de la vida. Habiendo sido capaces, estas gentes primitivas de vivir durante la última Era Glacial, la casa asumía un carácter sagrado. En el mundo occidental, persistieron vestigios de este ambiente místico hasta la Segunda Guerra Mundial, cuando muchas costumbres rurales habían desaparecido hacía tiempo. Pero en el Este, y en aisladas partes del Oeste el hogar todavía conserva huellas de su herencia mágica.

Los primeros ritos religiosos probablemente tenían lugar en el hogar común. Una vez que eran adorados los espíritus y deidades familiares, las prácticas religiosas del hogar se modificaron, para adorar también al espíritu de la casa. Los más famosos de estos espíritus son los Lares de los romanos. Los Lares eran los dioses de la casa y de la familia, se les consultaba diariamente sobre asuntos familiares, y se les hacían ofrendas de harina y sal.

Por tanto el hogar era el centro de la vida, no sólo en este mundo, sino también en el mundo espiritual. Cada hogar era un templo.

Cuando se construían las casas, se hacían sacrificios para apaciguar a esos primitivos dioses y diosas. Estos sacrificios incluían frutos, granos, animales y huevos fértiles recién puestos (los huevos eran frecuentemente sustituidos por seres vivos, que los pueblos primitivos de todo el mundo consideraban la ofrenda más apropiada para la divinidad. El huevo se empotraba dentro de la casa o se rompía sobre sus cimientos, para bendecirla con energía portadora de vida).

El hogar se ha protegido siempre con Magia. Los sajones, por ejemplo, colocaban cornamentas en la parte más alta del tejado, para ahuyentar al mal (esta costumbre está débilmente evocada en las ahora cada vez menos frecuentes terminaciones de las tejados. En los tiempos medievales, el hierro se utilizaba para proteger la casa. Horquillas, trozos de cadenas, guadañas y espadas se colocaban ordenadamente debajo de los cimientos de la casa, para impedir la entrada de la Magia maléfica. Más tarde, las escobas fueron emparedadas con intenciones protectoras.

Este es un concepto importante —el de la Magia mala—. Sólo se usa una clase de poder en Magia, pero puede usarse de dos maneras: positiva y negativa.

Hace doscientos años e incluso más recientemente, la Magia formaba parte de la vida diaria de todo el mundo. La mantequilla se batía de acuerdo con el Sol, la plata se fundía en Luna Nueva, y a los bebés se les protegía con ajos en sus cunas. Muchas supersticiones son restos de esos antiguos ritos mágicos. Estos pueblos primitivos no impedían el flujo de toda Magia dentro de sus hogares, sólo la que consideraban perniciosa. Ellos invitaban a entrar a la Magia positiva y benéfica y entonces hacían conjuros dentro del hogar para crear una energía o naturaleza más fuertes.

Hoy en día un hogar mágico no es sólo el que está protegido contra la magia negativa, es un lugar donde la Magia positiva florece.

En nuestros días, el hogar ha perdido la mayoría de sus cualidades mágicas. En China, sin embargo, las casas se proyectan y se sitúan todavía de acuerdo con antiguas tradiciones mágicas. Nadie construiría una casa sin consultar primero al Feng Shui, un hombre experto en las configuraciones naturales de la Tierra (montañas, llanuras, valles, ríos, rocas, bahías) como también en construcciones y en sus poderes mágicos.

Por ejemplo, una casa ideal se construiría en forma de V, con el Océano en frente y una montaña detrás. Los caminos nunca deben conducir directamente a la casa, porque la energía (ch' i) fluye a lo largo de los caminos rectos. Los que viviesen en esa casa se quemarían literalmente por causa de la excesiva energía. Un ángulo recto en el camino reduce la energía que fluye dentro de la casa, protegiendo así a sus habitantes.

Los chinos veneran también a cinco dioses familiares o espíri-

tus que residen en cada casa: Men, dios de las Puertas; Hu, dios de las Ventanas; Chinchu'an, dios del Pozo; Chung Liu, dios de los Aleros, y Tsao Chun, dios de la Chimenea y del Fuego de la Cocina, los cuales protegen toda la casa y vigilan la conducta de sus ocupantes.

Desgraciadamente, la reciente prisa de China en aprender y utilizar la tecnología de Occidente puede terminar con las antiguas tradiciones del hogar. Los jóvenes ya no están interesados en las costumbres de sus padres.

Sin embargo, ahora el Feng Shui, prohibido en China, está aparentemente floreciendo en Hong Kong.

Muchas curiosas tradiciones concernientes a la casa y a su construcción han sobrevivido. En Oriente Medio, por ejemplo, una casa debe tener un número par de vigas, si no se dice que tendría mala suerte. En Tailandia, las casas, por el contrario, normalmente tienen un número impar de puertas, ventanas, habitaciones y escaleras, ya que se cree que un número par permitiría a los terremotos derribar la casa. En Hawaii se cree que no se debe construir una casa al lado de otra más alta, ya que su buena fortuna sería absorbida por ésta, y todos sus habitantes sufrirían las consecuencias.

Entre los ozarks, en tiempos recientes, los naturales de las montañas utilizaban unas pocas vigas de un viejo edificio en la construcción de uno nuevo. Si esto no se hacía, la mala suerte, enfermedad, incluso la muerte, caería sobre la gente que viviese en la casa.

Quizá el más llamativo residuo de Magia para el hogar en los Estados Unidos, hoy en día, son los signos de brujería holandeses de Pensilvania. Estos redondeados signos llenos de colorido -se ven todavía recientemente pintados en ranchos y graneros en la parte Sur de Pensilvania,- no tienen nada que ver ni con brujería ni con Holanda. La palabra "Dutch" es una corrupción de Deutsh o Alemán. Muchos de los refugiados que se asentaron en Pensilvania eran alemanes.

Los símbolos o signos, una vez fueron conocidos como *sechs,* que en alemán es seis. Tal vez les llamaban así porque frecuentemente contenían estrellas de seis puntas. En algún momento la palabra pasó de *sechs a hex* (derivación de la palabra bruja en a'leman). Hoy en día conocemos estos símbolos como los símbolos hex holandeses de Pensilvania.

Blasonados en enormes vigas y en casas sólidas y limpias los signos hex siguen propagando sus hechizos. Son una curiosa combinación de magia y religión, un escudo para el hogar y la granja así como una celebración gráfica de la Naturaleza y lo divino.

Gotas de lluvia, estrellas, hojas de roble, bellotas, tréboles de cuatro hojas, corazones, tulipanes, palomas, lirios y dibujos abstractos geométricos eran generalmente dibujados. Se usaban también colores llamativos para sus propiedades místicas. El verde traía abundancia, felicidad, suerte y prosperidad al hogar. El azul significaba amor espiritual, protección, belleza y verdad. El marrón evocaba placeres terrenales y sensuales, mientras que el blanco representaba pureza, alegría y protección. El rojo traía amor y libertad. Combinaciones de rojo, azul y amarillo prevenían contra la enfermedad y los hechizos.

De acuerdo con la tradición, siete signos hex en un edificio le guardaban contra hechizos maléficos, fuego, rayo, inundaciones y otros desastres naturales. Aunque los signos hex se pintaba algunas veces o se cuelgan en los edificios, se usan con más frecuencia dentro de la casa. Signos específicos se cuelgan encima de la cama o en la habitación principal para atraer el amor, la salud y la fortuna a los ocupantes de la casa. Sea cual sea su origen, los símbolos hex son coloreados recordatorios de que la casa mágica todavía está viva en el mundo de hoy.

Un ejemplo común de antigua magia, con respecto a la casa, es la pintura blanca o pegatinas que se ponen en las ventanas y edificios todavía en construcción. Esto se hacía originalmente para que los malos espíritus, asustados por la magia, frenados por la pintura blanca, pudiesen entrar a través de las cerradas ventanas y aposentarse en la casa, antes de que estuviese terminada y sus ocupantes se hubiesen trasladado a ella.

La naturaleza mágica de nuestros hogares no ha cambiado significativamente a través de nuestra evolución desde los habitantes de las cavernas hasta los actuales inquilinos de los apartamentos. Una mujer paleolítica, abrigada con pieles en su comparativamente cálido y seguro primitivo hogar, tal vez no disfrutaba de los dones que milenios de civilización nos han aportado, pero poseía una afinidad con la vida natural que nosotros hemos perdido.

Segura de sus pieles, el fuego chisporreteando a sus pies y rodeada por los miembros de su familia, podía quedarse dormida en el reino de los sueños segura en su hogar mágico, protegida de los espíritus que volaban con el viento y de las tribus salvajes que vivían más allá de la cercana cordillera.

¿Nosotros podemos hacer lo mismo.?

2 El Hogar*

Antes de existir la calefación central, el hogar era el centro de la casa, el protector de la vida durante los frios meses de invierno, el fuego para cocinar las comidas y el sitio de reunión de la familia. En realidad, desde los tiempos primitivos, el hogar ha sido el más popular y el más cálido lugar de la casa.

Hoy en día, las chimeneas son raras en las casas modernas y en los apartamentos. Lo que era una necesidad en el pasado, rápidamente se ha convertido en un lujo. Las chimeneas con frecuencia aumentan el precio de las casas y son poco usadas. En los antiguos hogares, las chimeneas eran tan sencillas que frecuentemente no eran más que fogones.

El fuego tiene una especial atracción para muchos de nosotros. En sus hipnóticos movimientos y oloroso humo, yacen los orígenes de muchas religiones —el fuego fue considerado sobrenatural, una divina sustancia robada a los dioses—. Se puede encontrar en las religiones primitivas y ritos mágicos de todo el mundo. Las llamas todavía se encuentran en los altares de muchas religiones actuales.

Mágicamente, el fuego es el elemento de transformación, a través de él ocurren verdaderos cambios. Es visto como parte de la chispa de la vida que existe dentro de todas las cosas. Puede ser destructivo, es verdad, pero también crea. El cambio sólo puede ocurrir con la destrucción de lo viejo. La verdadera razón de la destrucción es la creación.

*Sitio de la lumbre en la cocina o chimenea.

29

Cuando las cerillas no eran fáciles de conseguir, no se dejaba apagar el fuego en la casa, excepto en ocasiones rituales. Por la noche, los tizones de carbón se preservaban para que nuevas llamas surgieran de ellos a la mañana siguiente. Se consideraba mala suerte si el fuego de la casa se extinguía por sí mismo. Cuando esto ocurría, se tenía que pedir prestado carbón encendido a los vecinos. Si el carbón se apagaba mientras era transportado, era señal de que a la familia le esperaba un futuro con problemas.

En esta época de hornos microondas y aparatos eléctricos, es difícil imaginar la importancia del fuego hace sólo cincuenta años. Aún en la década de 1960, las abuelas escocesas, llenaban con madera, su cocina de hierro, a primera hora de la mañana, justo antes del amanecer, para calentar la cocina y hacer café. Por las noches, antes de la llegada de la radio y de la televisión —cuando pocos sabían leer o escribir— la familia se agrupaba delante del fuego y compartía historias de tiempos pasados, conservando las tradiciones de la familia y educando a la juventud. Todos veían en las llamas presagios para el futuro.

El fuego y la magia están relacionados desde el principio de los tiempos. Ambos tienen un increíble potencial para lo bueno y para lo malo, por tanto, ambos deben ser utilizados con cuidado.

La chimenea se puede ver como el corazón de la casa y como un altar a las fuerzas de la naturaleza que han dibujado nuestro mundo y con las cuales transformamos nuestras vidas. No necesitamos adorar al fuego para utilizarlo y disfrutar de él, pero en los hogares mágicos, al fuego se le presta una atención especial.

Una vez trasladados a una nueva casa, por ejemplo, los magos que trabajan con fuego, con frecuencia restauran la chimenea hasta dejarla como nueva. Los ladrillos se friegan para quitarles restos de humo, los morillos (guardianes de la chimenea) se abrillantan y las cenizas se barren y depositan cuidadosamente ya que se les atribuyen poderosas propiedades.

Como la chimenea es una entrada mágica (lo atestiguan las confusas ideas de Santa Claus bajando por la chimenea y la Bruja saliendo por ella) ha sido durante muchos años protegida por medio de la magia. Las plantas se usan con frecuencia en tales ritos —esto no es sorprendente, ya que éstas se consumen en el interior del hogar—. Ramos de olivo colgados de la chimenea la mantienen segura y sirven para desviar los rayos. Agujas de pino esparcidas en el interior o ciprés encima del hogar, protegen la chimenea en su totalidad. La orquídea ''zapatilla de la dama'', si se cuelga de las chimeneas, impide a los del exterior lanzar conjuros contra los habitantes de la casa.

Cruzar el atizador y las tenacillas delante del fuego evita que las chispas salten al suelo y anula mágicamente toda la energía negativa que pudiese fluir de él. Una herradura entre las cenizas protege toda la chimenea. Un jarro de sal en el hogar es útil en tiempos de discusión, tensión o peligro de cualquier clase. Simplemente lance una pizca de sal a las llamas y sus limpios poderes al ser liberados por éstas, bendicirán su hogar.

Tres círculos dibujados con tiza en el hogar; impedirán la entrada del mal. Esto se hacía hasta hace muy poco tiempo en Inglaterra, y tal vez todavía se siga haciendo.

Una nueva piedra de la chimenea se bendice cubriéndola con sal y dibujando un pentagrama (una estrella con cinco puntas) en ella. Un pentagrama periódicamente vuelto a dibujar en las cenizas renueva el hechizo.

Encender el fuego, antes de un acontecimiento poco frecuente, está plagado de tradición. De acuerdo con ésta, el fuego debe tener al menos trece leños para que arda bien. Se considera imprudente mirar directamente al fuego cuando se está encendiendo, como si el proceso fuera sagrado y no destinado a ojos humanos. Hacer esto, no sólo dificultará que el fuego se avive, sino que podría traer mala suerte a toda la familia.

Miles de conjuros se han utilizado para el fuego y para la chimenea. Cuando la chimenea estaba fría las brujas o magos agrupaban las cenizas en un círculo dentro del hogar, entonces lanzaban conjuros dentro de este círculo. Un fuego encendido es útil para sencillos conjuros transformativos, tales como lanzar a las llamas sangre de dragón, romero o pétalos de rosa; estas acciones acompañadas de las oportunas visualizaciones, traen amor al que las realiza. Ortigas arrojadas dentro del fuego vencen al miedo, mientras que la verbena disipa el dolor por un amor perdido. La magia del deseo se realiza fácilmente junto al fuego. Si usted desea algo, mueva las llamas con el atizador durante trece minutos, mientras visualiza su deseo. Hace tiempo, la mujer que había perdido a su hombre por culpa de una rival, se sentaba tranquilamente ante el fuego, lanzándole sal, durante siete noches seguidas, en un intento de atraer a su marido de vuelta a casa.

La clase de madera que se queme dentro de la chimenea, puede afectar a los conjuros inmensamente. El roble se quema en la magia curativa cuando está enfermo alguien de la familia. Esto ayuda a erradicar la enfermedad, ayuda en la recuperación y protege a todos los demás de contraer la enfermedad. Madera de manzano se quema antes de que los amantes se reúnan en el hogar, o como un complemento a los hechizos amorosos. Las cenizas de los leños prometen energía, el pino trae dinero al hogar y el enebro ofrece protección.

Tal vez uno de los más comunes ritos mágicos desarrollados cerca del fuego, es el de contemplarlo. Algunos expertos aseguran que mirar a través del fuego a medianoche produce los mejores resultados, especialmente para ver el futuro.

Si usted desea convocar las caras de amigos ausentes, siéntese a la izquierda del fuego, mueva los leños con el atizador en su mano derecha y observe los rescoldos. Sus caras apararecerán en las brasas.

Mirar el fuego es un pasatiempo maravilloso y una práctica que puede ayudarle a desarrollar sus poderes psíquicos hasta un alto grado. Si a usted le gusta el fuego podría intentarlo. Siéntese confortablemente delante del fuego. Espere hasta que las llamas se apaguen y un mar de luminosos carbones anaranjados se extenderá ante usted.

Tranquilice su mente, mire con los ojos entreabiertos a las constantemente vibrantes y cambiantes cenizas. No se esfuerce en ver retratos o visiones; reléjese y déjese llevar por la experiencia. Si aparecen símbolos, interprételos según su propia intuición.

Dion Fortune, en su clásica novela mágica *La Sacerdotisa del Mar** conservaba la costumbre de mirar al fuego de una hoguera

*Publicada en español por Luis Cárcamo, editor, Madrid.

hecha con leños de madera de sándalo, enebro y cedro. Un método más sencillo consiste en combinar polvo de madera de estos árboles y remover esta mezcla sobre las brasas antes de observarlas.

Las chimeneas con frecuencia pronostican la vida del hogar. Chispas desbordándose como un surtidor de oro desde la chimenea, significan dinero para el futuro del observador. Un fuego chispeando luminosamente es señal de lluvia. Una llama azul en el fuego —o una masa de llamas azules— indica la llegada de un repentino tiempo frío. Si el fuego prende y arde rápidamente cuando se enciende, es señal de una inesperada compañía.

La perezosa ama de casa que permite que la ceniza se apile más de lo debido, deberá quitarla rápidamente, porque esto significa que el alquiler puede subir.

En el pensamiento mágico, las cenizas son sagradas. Esparcidas sobre el tejado de la casa, la protegen del daño causado por el rayo. Espolvorear cenizas en oscuras esquinas de la casa, la protegen del incendio, y llevar una bolsa pequeña de ellas repele al mal, a los accidentes y a la enfermedad.

Las cenizas de fuegos mágicos o conjuros, o incluso las cenizas normales se usan en una gran variedad de conjuros relacionados con el elemento del Fuego. Las cenizas se pueden usar para aumentar el valor cuando se llevan en un saquito de tela roja, energía, cuando se aplica en una pequeña parte del cuerpo, y curativas cuando se colocan alrededor de una vela roja.

Las cenizas no usadas en los conjuros, frecuentemente se entierran en lugares apartados, no sólo por respeto a los antiguos dioses del fuego, sino también para sellar todo conjuro en el que ellas pudieran estar involucradas.

Sólo hace cien años, cada chimenea tenía un caldero. Si sus tres pies dejaban una señal en las cenizas, éstas tenían que revolverse rápidamente porque los malos espíritus podían señalar al caldero y dañarlo.

La importancia de la chimenea no puede ser exagerada. Un gato sentado en la chimenea es señal de una casa feliz. Se dice que no habrá buena suerte en una casa nueva hasta que la chimenea no se haya ennegrecido con el humo.

Sentarse delante de un fuego en una fría noche de invierno,

bebiendo sidra caliente y mirando dentro de las llamas y brasas, nos coloca al lado de las gentes del pasado que consideraban al fuego y a la religión como a una misma cosa. Si usted tiene una chimenea, úsela, porque es un gran regalo para el hogar mágico.

El humo saliendo de una chimenea, tradicionalmente revela una vida feliz de los que viven en la casa.

Procure que su chimenea esté siempre humeando.

3 Los Umbrales del Poder

La puerta ha captado siempre la imaginación de poetas, místicos y magos. Es simbólica y con frecuencia aparece en sueños y pesadillas. ¿Qué yace detrás de la puerta? ¿Qué extrañas criaturas, mundos fabulosos, escondidos peligros?

Aunque más sencillas, las ventanas tienen también sus propiedades mágicas y su tradición. Si ellas son los ojos de la casa, la puerta es su boca. Ambas poseen poderes especiales y generalmente se bendicen para impedir que entren en la casa energías hostiles.

Una puerta no es mucho: una pieza lisa de madera, dos pomos, tres bisagras y algo resistente. Pero las puertas son entradas a otras dimensiones. De alguna manera recuerdan a los dólmenes de Stonehenge y a otras estructuras megalíticas de Europa: dos piedras con una tercera reposando encima, creando un umbral de fuerza.

Las puertas son entradas y salidas de los edificios. Además se consideran accesos a otros mundos y sirven de protección para evitar que entre el peligro. Por todo esto, la puerta y todos sus componentes (dintel, postes, umbral, llaves) han adquirido mágicas, incluso sagradas, cualidades. Muchos de los ritos asociados con las puertas son de naturaleza protectora. Colgar una calabaza en ambos lados de la parte exterior de una puerta, la guardará de la negatividad no deseada, como lo hará un trozo de bambú o una corona de hojas y espinas colocadas sobre ella. Un círculo de tiza en la puerta impide el paso a los fantasmas;

el ajo o eneldo, colgados sobre la puerta principal, impiden la entrada a los envidiosos. Una bolsa con sal o campanas colgando del pomo harán volar a los demonios.

Otros hechizos para proteger la casa de la entrada del mal incluyen: colocar dos agujas cruzadas debajo del felpudo de la puerta, pintar la casa de azul (color sagrado), esparcir semillas de mostaza o polvo de sangre de dragón en los dinteles y clavar tres clavos en forma de triángulo, con un clavo hacia arriba, en la parte exterior de la puerta principal.

Hierbas específicas se cultivarán en el porche para aumentar la protección del hogar. Helechos, lirios, caléndulas y enebro se plantarán allí en macetas. Un calcetín viejo lleno de sal, salvia y otras hierbas protectoras, se quemarán debajo del porche frontal para ahuyentar a los fantasmas de la casa. Una caja con piedras agujereadas o un cuchillo debajo del porche son protectores muy potentes. La puerta es un lugar ideal para atraer ciertas energías y dones al hogar. Por ejemplo, cinco monedas relucientes colocadas bajo el porche traerán dinero y amor al hogar, y quemar allí un poco de comida, asegurará que nunca se pase hambre.

Si usted desea ver un fantasma, una entrada es el lugar ideal; de acuerdo con la tradición, al anochecer o a media noche, permanezca frente a la puerta en la oscuridad, mirando hacia el interior de la habitación. Con la puerta entornada, apoye la mejilla contra ella y mire por el borde. Si persiste, puede ver espíritus y formas extrañas. ¿Por qué? Porque la puerta es una entrada a otros mundos.

Si usted quiere verse libre de fantasmas, éstos pueden ser exorcizados simplemente golpeando una puerta varias veces seguidas. Los fantasmas serán atrapados entre la puerta y el marco y pronto se cansarán de la tortura y se marcharán. Si a usted le gustan los fantasmas, ¡no golpee las puertas!

Si nunca cierra las puertas, tal vez le convenga empezar a hacerlo. La leyenda dice que aquel o aquella que nunca cierra una puerta, nunca poseerá una casa. Esto está probablemente relacionado con la idea de que las puertas de la casa, si se dejan abiertas, dejan "escapar la energía".

Las llaves tienen su propia magia y tienen una enorme importancia en antiguas religiones. Hécate tenía las llaves del universo; a Jano, dios romano de las puertas, se le representaba frecuentemente sosteniendo llaves; antiguas sacerdotisas llevaban llaves para simbolizar un intenso y mágico contacto con sus divinidades.

Las llaves son símbolos fálicos, representan el principio masculino, pero también representan sabiduría, logro de altos niveles de conciencia y protección mágica.

Hay docenas de conjuros para las llaves, entre los cuales usted puede escoger alguno tan sencillo como llevar colgada una llave pequeña (no de otra manera) para encontrar la sabiduría y colocar una llave vieja debajo del colchón para aumentar la potencia sexual. Otros conjuros, como los siguientes, son más complejos.

Consiga tantas llaves antiguas como puertas tenga en su casa. Moviéndose despacio a través de la casa, vaya tocando cada puerta con una llave y, mientras lo hace, diga cada vez:

Cierra la puerta a los ladrones por la noche.
Cierra la puerta a los ladrones por el día.
Cierra la puerta a los ladrones que no se ven.

Una vez que se ha repetido esto con cada llave, átelas todas juntas con un cordón rojo y cuélguelas sobre la puerta de entrada como un adorno con un gran poder mágico. Recuerde: visualice.

Como dijimos anteriormente, las llaves se pueden llevar o usar para propósitos específicos. Una llave de oro protege del mal de ojo; tres llaves en una cadena le traerán salud, fortuna y amor; una llave deslizada por la espalda alivia el dolor de cabeza o corta una hemorragia nasal; cualquier llave que se lleve, traerá buena suerte siempre que no encaje en ninguna cerradura que se tenga. Una llave colocada en una cuna "cerrará" la habitación del niño para que las hadas no puedan robarlo (esto no es hoy en día un problema). Una llave de una puerta colocada hacia arriba, cerca de la cama, disipará las pesadillas y asegurará un sueño pacífico, también se pueden poner llaves pequeñas cerca de donde habita el animal doméstico, para protegerle. Llevar una

llave le dará fecundidad y conocimiento, y si desa descubrir un secreto cuélguese una llave.

Las ventanas son sencillamente puertas sin llaves. Las primeras ventanas fueron hendiduras hechas en las paredes para que entrase en la casa el aire fresco y pudiera salir el humo. El viento silbaba a través de ellas y permitía ver la luz del fuego del interior de la casa. No sorprende que ventana (window) signifique ojo del viento (wind's eye).

Como las puertas, las ventanas se consideraban mágicas y se protegían. Se grababan y se graban todavía o se pintan con tiza en las ventanas pentagramas; colgar una gruesa cortina blanca impedía el paso del sol y de la negatividad; pequeñas piedras blancas, fragmentos de cristales y conchas se colocaban en el alféizar así como un tomate rojo y grande; una bola de hierba verde se suspendía delante de las ventanas para apartar las influencias malignas.

Limpiar las ventas con amoniaco o vinagre, no sólo las limpia, sino que invita a los poderes del viento a bendecir el hogar.

Las vidrieras son mágicamente efectivas para echar fuera al mal, ya que sus intrincados dibujos y variados colores establecen limpias vibraciones. Se deben escoger cuidadosamente para que combinen con el resto del hogar. Cuando la luz del sol brilla plenamente a través de la habitación y forma brillantes charcos coloreados en el suelo, la magia realmente está funcionando.

Una práctica parecida consiste en colgar en las ventanas puntas de cristal emplomado o esferas facetadas para que la luz solar se descomponga en cientos de pequeños arco iris.

Las ventanas redondas, favoritas de los proyectistas en Haway y en el Lejano Oriente, se consideraban protectoras para el hogar. Se las conoce como "las ventanas de la Luna". Si se muda a una nueva casa, intente hacer este conjuro (el cual es también efectivo cuando vaya a dormir en una habitación por primera vez): antes de quedarse dormido, cuente los cristales de las ventanas de la habitación; entonces, con intensidad, visualice un deseo y duérmase.

Y para terminar, si ha tenido mala suerte y quiere cambiarla, esparza sal por el alféizar de su ventana y haga un esfuerzo para cambiar su suerte.

4 El Mobiliario

El mobiliario posee sus propias influencias y tradiciones. Escoger los muebles cuidadosamente o colocarlos siguiendo antiguos principios puede hacer más armoniosa la vida dentro del hogar, más productiva y más amable.

En primer lugar, el suelo. Puede poner moqueta, ¿pero por qué no colocar alfombras en algunas zonas? Alfombras hechas a mano, llenas de colorido, que le dan un aire de misterio y de lujo a la casa, tanto si han sido tejidas en Perú, Túnez, China, el Oriente Medio o en América del Sur, las alfombras han sido siempre artefactos de magia.

Las alfombras que están sobre su suelo son parientes de las alfombras voladoras de la magia popular de Arabia. El solo proceso de tejer una alfombra indica una conexión con las fuerzas de la Naturaleza, la repetición de los movimientos de la mano, la lanzadera moviéndose de atrás a delante, la maraña de hilos, la alfombra tejiéndose lentamente como por arte de magia. Incluso los colores, dibujos y formas poseen influencias ocultas.

Algunos dibujos de las alfombras son tradicionales, otros tienen siglos de antigüedad o son adaptaciones modernas. Algunos incorporan símbolos mágicos asociados con las creencias y costumbres de la ciudad de origen de la alfombra. Los colores se usan también por sus significados mágicos y simbólicos.

La forma de una alfombra indica sus propiedades y por consiguiente la clase de influencia que tendrá en el hogar. Las alfombras redondas, símbolos de espiritualidad y de paz, es me jor usarlas en los dormitorios, salas de estar, comedor y en la habitación para meditar o templo, en general en las habitaciones en que se precise tranquilidad.

Las alfombras cuadradas o rectangulares representan al mundo material intelectual y tecnológico. Éstas serán más indicadas para oficinas, cuartos de estudio, librerías y vestíbulos.

Las alfombras ovaladas que tienen la forma del huevo cósmico (la esencia de todo lo que existe) van bien en toda la casa.

Si observa de cerca las alfombras tejidas a mano, encontrará pequeñas imperfecciones en el tejido o en el dibujo. Por ejemplo, en una ancha banda de color en el interior de una alfombra, podemos encontrar una pequeñísima porción diferente, no es un defecto, está hecho a propósito. Muchos tejedores dejan estas aparentes imperfecciones en sus trabajos como "trampas" mágicas. Si al estar trabajando en la pieza, el tejedor está triste, deprimido o enfermo, esas energías pueden tejerse con la alfombra y transferirse finalmente al propietario. Estos evidentes fallos del modelo permiten que estas negativas (e inevitables) energías se escapen de la alfombra.

Hay otra razón para que existan estas "imperfecciones". En los tiempos primitivos se creía que toda cosa próxima a la perfección incitaba a la envidia y atraía la desgracia de los dioses, ya que éstos no deseaban la perfección humana. Miradas celosas o incluso de abierta admiración podían atraer el temido "mal de ojo" a la alfombra. Este "mal de ojo", una mirada que se suponía que podía emitir energías negativas del que la lanzaba al objeto o persona que era mirada, era tan temido que nada se hacía exactamente igual que el modelo.

Hay algunas prácticas relacionadas con las alfombras que se pueden seguir. Por ejemplo, si carece de suerte y de dinero, ponga algas secas debajo de las alfombras. Esto puede mejorar su economía.

Si accidentalmente le da la vuelta a la alfombra, déjela así. Todo aquel que pise sobre ella mientras esté en esa posición, se beneficiará.

No fije nunca las moquetas ni alfombras antes de haber fregado el suelo. Al fregar el piso se limpian las energías estancadas, y se empapa con las energías positivas que fluyen de la casa.

Antes de aspirar las alfombras y moquetas, espolvoréelas con hierbas aromáticas, dejará un fresco perfume en las alfombras, la lavanda es estupenda para esto.

Para purificar las alfombras, espolvoréelas con sal y sacúdalas fuera o use una aspiradora.

Para magia, puede usarse una alfombra especial, normalmente una redonda u ovalada. Algunas personas cosen, pintan o bordan símbolos mágicos en dicha alfombra, y la colocan en el suelo durante los rituales. La alfombra se usa para marcar un círculo de poder en el cual se desarrollarán los rituales y la magia.

En tiempos pasados, la mayoría de las sillas, taburetes, relojes y otros elementos de la casa se marcaban con símbolos protectores, usualmente ruedas solares, pentagramas o cruces con sus dos brazos iguales, para protegerlos del maleficio.

Y el reloj ¡qué instrumento más extraordinario! Tanto si era un reloj de agua, velas con marcas específicas que al arder van señalando el tiempo consumido, relojes de sol, o dentados y engranados mecanismos, ¡qué mágicos tenían que parecerles a aquellas gentes!

En el mundo actual de relojes digitales, hemos olvidado la antigua magia de un enorme reloj del abuelo haciendo tic-tac en la sala de estar durante la noche o del modelo tamaño escolar que solemnemente observaba en el comedor.

Cuando a los relojes había que darles cuerda, y en los que su precisión era bastante insegura, el paro repentino del popular Tic era causa de alarma, lo mismo que oír una decimotercera campanada en el silencio de la noche. Si al reloj se le había dado suficiente cuerda, y no había fallado nunca anteriormente, era claro, el reloj tenía que estar encantado. Afortunadamente era fácil quitarle el hechizo. Al reloj se le sacaba por la puerta de atrás y se le introducía por la de delante; después de hacer esto, se suponía que funcionaría de nuevo perfectamente.

Se cree que cuando se está deseando algo y suena el reloj, el deseo se realizará. Por supuesto usted podría permanecer cerca de uno y esperar el justo momento, pero no sería lo mismo.

Si alguna vez cree que ha sido víctima de un maleficio, simplemente póngase a gatas debajo de una mesa con seis patas y se romperá el hechizo, ya que la mesa es un altar y al ponerse

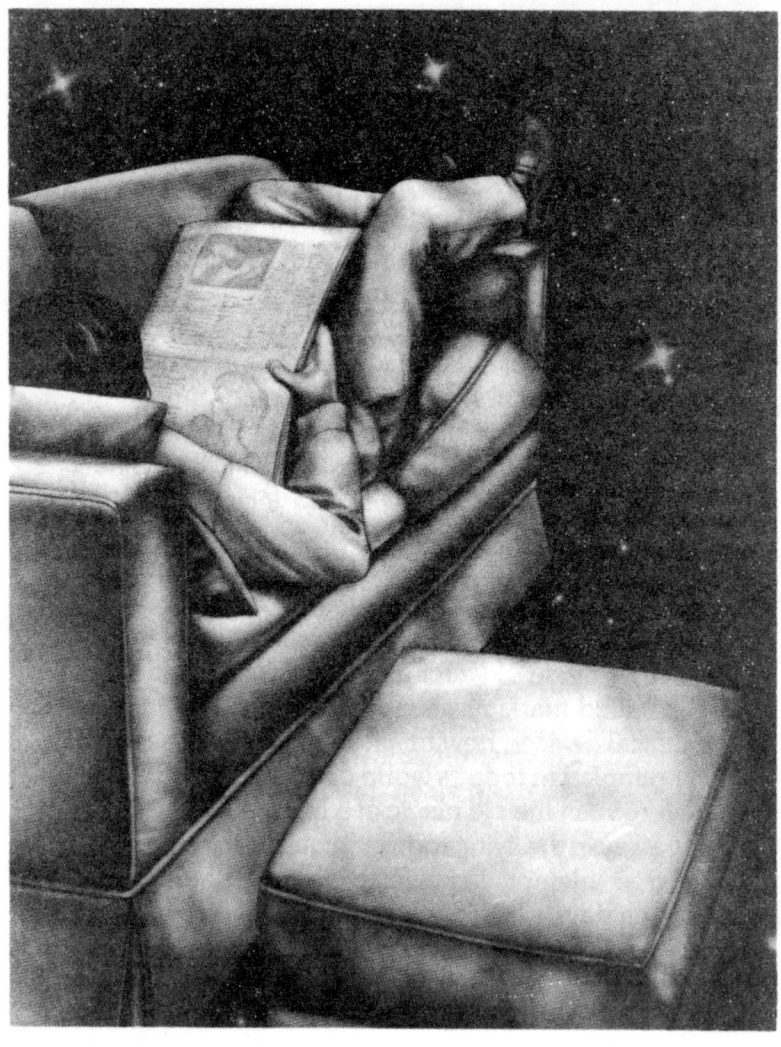

en esta posición debajo de ella, se invoca la bendión divina y
la ayuda para levantar el conjuro.

Las maderas tienen propiedades mágicas e influencias. Las sillas, canapés, pupitres y taburetes, en realidad todos los muebles de la casa, contienen las energías de las maderas con que
han sido hechas.

El ébano, por ejemplo, es una madera con poderes mágicos
y protectores. El mobiliario hecho con esta madera es ideal para
las habitaciones donde frecuentemente se practique la magia.

A continuación sigue una lista de maderas y de sus mágicas
propiedades. Téngala presente cuando compre nuevos muebles.

EBANO: Poder mágico, protección.
ROBLE: Fortaleza, suerte, salud, protección.
CEREZO: Amor.
PINO: Dinero, exorcismo, curación.
SECOYA: Longevidad.
TECA: Riqueza.
CEDRO: Curación, longevidad, purificación, protección.
ARCE: Amor, dinero.
TEA: Protección contra el rayo.
JUNCO DE INDIAS: Suerte, fortaleza.
NOGAL: Salud.

Espere hasta la Luna Nueva para cambiar los muebles, trae
buena suerte.

Los espejos son un perfecto ejemplo de objetos cotidianos cargados de superstición. Probablemente la creencia más común,
relativa a los espejos, es que su rotura causa siete años de mala
suerte. Cualquiera que sea el origen de esta creencia, aquí hay
algunos métodos para contrarrestar el maleficio:

• Arroje sal sobre el hombro.
• Inmediatamente después de romperse el espejo, gire sobre
sí en el sentido de las agujas del reloj.
• Queme el espejo o al menos ennegrezca sus trozos en las

llamas de un fuego. Guarde los pedazos durante un año y después entiérrelos, el hechizo será contrarrestado. (Por tanto sólo tendría que soportar un año de mala suerte.)

• La primera noche después de la rotura del espejo, encienda siete velas blancas y apáguelas de un solo soplo a medianoche.

• Toque la losa de una tumba con un trozo del espejo y se irá el maleficio.

Cualquiera de estos ritos se puede usar pero piense que el "maleficio del cristal" generalmente es algo subjetivo.

Aunque vistos con recelo por algunos, generalmente se dice que tener muchos espejos en la casa da buena suerte. Esto se debe probablemente a la capacidad del espejo para reflejar el mal y atraer el bien.

El espejo, entre otras cosas, es un símbolo del dinero. Cuelgue uno al lado de la mesa del comedor o de la cocina, para atraer la fortuna y la comida al hogar.

Los espejos no deben colgarse tan bajos que corten la cabeza al más alto de la familia (hacerlo podía ocasionar dolor de cabeza), tampoco deben colgarse demasiado altos.

Si se siente triste o preocupado cuando está solo en casa, con nadie con quien hablar, y no encuentra la forma de salir de su triste estado de ánimo, póngase delante de un espejo y mírese a los ojos, su ansiedad desaparecerá.

La idea de que la posición de los muebles puede afectar el bienestar o la estabilidad emocional puede parecer absurda, pero piénselo de nuevo. La mayoría de nosotros hemos cambiado la posición de los muebles, aunque sólo fuese por una o dos piezas, hasta que quedasen "bien". Nuestro entorno influye en nuestro estado de ánimo.

En magia la configuración y posición de los muebles es tan importante como otras cualidades, tales como belleza, resistencia o valor. En el hogar mágico, los muebles y otros elementos se colocan de manera que las energías de la casa puedan fluir sin impedimento. Hacerlo de otra manera sería vivir la vida menos llena de lo que es posible.

Una casa armoniosa también permite a las energías positivas

del exterior (llamadas ch'i por los chinos) entrar en la casa en cantidades beneficiosas, sin impedir el paso a otras energías.

La mayoría de nosotros vive en habitaciones y casas cuadradas o rectangulares, y no nos percatamos de que las esquinas de las habitaciones son trampas donde las energías positivas yacen dormidas. Un remedio fácil consiste en colocar muebles, tales como sillas, biombos o plantas, en las esquinas, cortando de ese modo los ángulos rectos, y permitiendo fluir una energía más suave a traves de la habitación.

Muebles de bordes redondeados —no ángulos toscos y agudos— son ideales para la casa mágica.

Mesas redondas, sillas con respaldo curvado y alfombras ovaladas permiten a la suerte y a las energías de la casa circular libremente, fortaleciendo a la casa y a sus habitantes.

Una silla favorita, a la entrada principal, puede simbólicamente guardar la casa. Incluso cuando no esté sentado en ella, representa su desvelo por el bienestar del hogar. Por lo general trate de colocar sus sillas de manera que no estén directamente unas frente a otras, sus invitados se sentirán más a gusto.

Para mantener una atmósfera apacible en su sala de estar, cuelgue una pintura o dibujo de plantas, persistentes, como, peonías o rosas. La simbólica presencia de las plantas trae su esencia a la habitación.

La luz, tan importante en el hogar como el mobiliario, simboliza el Sol, Fuego, Sabiduría, Actividad y Crecimiento. Aunque la luz eléctrica es corrientemente usada para iluminar la casa, hay otras alternativas. Las lámparas de aceite o queroseno, brillando suavemente en la casa, traen una chispa de magia. Utilice el fuego, el elemento de la transformación mágica, y su luz es más suave que la de las fuertes bombillas incandescentes o tubos fluorescentes.

Las lámparas de queroseno son románticas y un añadido perfecto al hogar mágico. Si las utiliza, siga la antigua tradición de sumergir un trocito de hilo o tela roja en el aceite. Esto evitará que la lámpara explote y protegerá a la familia de morir envenenados o violentamente.

Las velas, prácticamente imprescindibles en los asuntos má-

gicos, son también una nota agradable cuando arden en el hogar a cualquier hora del día o de la noche. Velas con colores específicos se pueden usar para transmitir sus vibraciones al hogar. Las velas blancas se queman generalmente durante la meditación y los ritos de purificación de la casa, lo mismo que para proporcionar paz y espiritualidad. Cirios verdes prestan a la casa energías curativas, suerte y prosperidad, mientras que las rosas aumentan los sentimientos amorosos y son ideales para la diversión, porque aumentan la amistad. Las velas rojas comunican protección y amor a los de la casa y al mismo tiempo apuntalan mágicamente la estructura física de la casa. Velas blancas aumentan la tranquilidad, las aptitudes intelectuales y son estupendas para el estudio o para la lectura.

Las velas color púrpura se queman, durante periodos de enfermedad o en los conjuros de protección para la casa, ya que el color púrpura acelera la curación y es una fuente de poder extraordinario. Velas azules se queman por la noche en el dormitorio como protección durante el sueño, también pueden inducir sueños proféticos. Queme las velas marrones para resolver cualquier problema doméstico y para proteger a sus animales. Velas de cera de abejas, aunque sean caras, merece la pena el gasto, pues despiden un maravilloso olor a miel por toda la casa. Las lámparas tipo Tiffany y las de araña, aunque bastante caras, son muy potentes mágicamente, de una manera extraordinaria. Los emplomados cristales de la lámpara Tiffany cargan la luz de la lámpara con color mágico. Al descomponer la luz una buena araña, forma arco iris aumentando el flujo de energía de la casa y con ello sus vibraciones. Esto refresca la casa.

Observe su casa con mirada objetiva, ¿son sus habitaciones agradables? Si no es así, haga algo para mejorar su situación. No necesita gastar un montón de dinero en un nuevo mobiliario. En vez de ello, planee durante unos pocos minutos su ideal interior mágico.

5 Los Sueños

El dormitorio es el templo de uno de los más misteriosos procesos de la vida humana: dormir. Posee dos facetas completamente diferentes, es un mundo nocturno de tristes y plateadas sombras que nos da bienestar y seguridad cuando nos retiramos después de un día de strés y de trabajo. Por la mañana, al contrario, la habitación, se ilumina y llena de promesas del amanecer. En esta habitación nos pasamos la mitad de nuestra vida, que tiene su punto culminante cuando dormimos: esta otra mitad es tan real e importante como la que pasamos despiertos.

Como la ciencia todavía no ha sido capaz de explicar todos los secretos de los sueños, y probablemente tardará algún tiempo todavía, los antiguos temores e ideas respecto a este místico proceso permanecen todavía; comer escabeche antes de irse a dormir, causará pesadillas; no duerma con la cabeza hacia el Sur; no duerma en lugares extraños. Cuando se tiene en cuenta el fenómeno de los sueños, se descubre una completa nueva área de magia contemporánea, relativa al hecho de dormir.

El dormir se ha usado en magia durante años. Dormir sobre una piel de toro en una encrucijada revelará el futuro; sumos sacerdotes y sacerdotisas en la antiguedad interpretaban los sueños como mensajes del futuro o avisos de los dioses, y jóvenes de la época victoriana hacían conjuros para ver en sueños a sus futuros maridos.

Hay innumerables ritos, en los cuales, dormir o soñar juegan una parte muy importante, que van desde conjuros para causar somnolencia si es que tardamos en dormir, hasta controlar el sueño y manipularlo para utilizarlo con propósitos mágicos.

Para los que creen que viajamos mientras dormimos, otros factores trabajan en este proceso. Cuando cerramos los ojos y descansamos la mente, una de las más misteriosas experiencias humanas —la proyección astral— puede ocurrir.

En el dormitorio, por supuesto, hacemos algo más que dormir. Leemos, vemos televisión, hablamos, hacemos el amor. Allí, lo mismo que nos despojamos de la ropa, también lo hacemos de los pensamientos y sueños diurnos. Muchos involucrados con la magia colocan altares rituales o mesas de trabajo en el dormitorio, añadiéndole de esta manera una nueva dimensión.

Aunque algunos de los temas tratados aquí —incluyendo sueños y proyección astral— entran dentro de este capítulo, no pueden ser examinadas totalmente. Revise en la bibliografía los libros relativos al tema.

La habitación ideal será lo suficientemente grande como para moverse con holgura por ella, suavemente iluminada, con muebles confortables y atmósfera tranquila.

Las camas hoy en día son de una gran variedad. Los colchones comunes de lana y de muelles compiten con las camas de agua (se dice que inducen sueños proféticos y aumentan el amor) y las de estilo japonés. Aunque los colchones de fibras sintéticas y algodón son los normales actualmente, hace cien años se le daba gran importancia al tipo de plumas que se utilizaba para hacer el colchón.

Por ejemplo, un colchón hecho de plumas de perdiz se creía que protegía al durmiente de la enfermedad, mientras que los de plumas de pichón le causaban insomnio, a no ser que pusiese sus zapatos con las suelas hacia arriba. Los hechos con plumas de paloma se consideraban los más nefastos de todos (especialmente para las palomas).

Los colchones de plumas se creía que protegían de los rayos, por eso muchas gentes se metían en sus camas durante las tormentas.

Antes de utilizarse las plumas, hierbas y plumas se colocaban sobre el suelo de tierra o de madera para un mayor confort.

Esta práctica ha sobrevivido bajo la forma de almohadas de hierbas con fines que van desde proporcionar un sueño reparador a curar los dolores de cabeza.

No importa cuál sea el tipo de cama que tenga, pero asegúrese que está paralela a las tablas del suelo, si éstas son visibles. Así se asegura que la energía que fluye a través de la casa (deslizándose a través de los tablones) no encuentra ningún obstáculo que la desvíe.

Los chinos añaden que una viga visible atravesando el techo, sobre la cama, puede producir insommio e incluso enfermedad, ya que el "chi" de la casa se bloquea y desproteje a la persona. Si usted tiene una viga encima de su cama puede cambiar la cama de sitio y descansar tranquilamente. Si esto no es posible o deseable (nada en magia es obligatorio), coloque un pequeño espejo en la viga o en el techo para permitir a la energía escapar místicamente a través del espejo. Hay otra alternativa, cuelgue dos flautas huecas, o trozos de bambú cada uno abierto por ambos lados, a la misma viga. Esto ayudará a expulsar el exceso de energía.

Como usted seguramente sabe, hay ciertas formas de dormir tradicionales. La cabeza señalando al Norte aumenta la estabilidad, la tranquilidad y la prosperidad, así como una rápida recuperación después de una enfermedad. Algunos dicen que es la dirección ideal para dormir, porque el Norte es una fuente de energía mágica.

El Este ha sido relacionado durante mucho tiempo con la religión y la espiritualidad. Es también el punto de la inteligencia, de marcadas energías mentales y de libertad de pensamiento. En esta dirección salen el Sol y la Luna, de aquí viene la creencia de que se debe dormir de Este a Oeste, siguiendo el curso natural de los cuerpos celestes. También si vive en zona calurosa, el dormir con la cabeza al Este le refrescará.

El dormir con la cabeza hacia el Sur aporta cansancio y enfermedad, según una antigua tradición. Esto puede también causar o agravar el insomnio. Para los que están frecuentemente enfermos, el solo hecho de cambiar la posición de la cama de manera que la cabeza señale al Norte mientras duerme, parece que produce milagros.

Dormir con la cabeza al Oeste asegura amor y espiritualidad, aumenta la sensibilidad en todos los sentidos y las habilidades mágicas. Es ideal para los que practican magia del sueño.
También se usa para aumentar la creatividad y por tanto se recomienda a los artistas.

Por supuesto, si no puede usted mover su cama en la dirección que considera ideal, déjela como la tiene, pero coloque los
oportunos amuletos en la misma cama (de los que hemos trata-
do aquí), para contrarrestar cualquier posible efecto negativo,
por estar en una indeseada posición (especialmente al Sur).

Una solución que sirve para todos los propósitos, consiste
en colocar un espejo pequeño en cualquier lugar de la cama mirando hacia la dirección opuesta. En el cabecero mirando al Sur,
por ejemplo.

Por otra parte, los colchones deben darse la vuelta durante
la Luna menguante, de la Luna llena a la Luna nueva, esto los
mantendrá más planos, pues los poderes de atracción de la Luna
son entonces más débiles.

Los más afortunados poseen colchas hechas a mano que
adornan sus camas. Las colchas son ideales para el hogar mágico, porque el intrincado dibujo y amorosa atención puestos al
hacerlas las convierte en algo cálido y seguro para envolvernos
mientras soñamos.

Las colchas pueden tener dibujos mágicos, especialmente
si el laborioso tejedor se decide a crear uno. Los nudos y dibujos entrelazados se consideran de buena fortuna, lo mismo que
los de hierbas y flores. Algunos creen que las colchas con dibujos cuadrados o con brillantes colores dificultan el sueño, mientras que los de "Sol Naciente"son los más afortunados de todos.

Hay magia en las colchas. La tradición dice que deben lavarse con nieve derretida para asegurar el eterno descanso de sus
artífices fallecidos. La primera vez que usted duerma debajo de
una nueva colcha, sus sueños —buenos o malos— se harán
realidad.

Dormir, que debería ser una cosa bastante sencilla, perturba
a millones de nosotros durante la noche. Para otros el sueño puede

llegar, pero no es un descanso para el cuerpo ni para la mente. Puede haber razones mágicas si el sueño sólo viene de vez en cuando. Primero de todo, repase la mesa de su cocina y su fregadero mientras yace con los ojos abiertos. ¿Estará limpia la mesa? ¿Lavó los platos? Si no, tal vez haya encontrado al culpable, ya que los platos sucios impiden dormir.

Si su mesa está limpia, coloque una rama a la cabecera de la cama (no importa de la clase que sea, siempre que no sea venenosa). Se dice que esto asegura un sueño reparador, así como hojas de lechuga colocadas debajo de la almohada, una piedra imán atada al cabecero, o un trozo de lapislázuli colocado en la cama, también ayuda, así como esparcir sal entre los colchones o debajo de las sábanas. Hay un antiguo hechizo muy sencillo: cuando desee dormir, déle un beso a la almohada y pídaselo.

Si esto falla, haga una almohada cuadrada de unos quince centímetros de espesor. Rellene la mitad con algodón y el resto con semillas de apio. Duerma con esta almohada encima de la que use habitualmente, si es que la usa, el perfume le producirá somnolencia.

Ya que nuestros cuerpos están indefensos durante la noche, es importante protegerlos hasta recuperar la consciencia. Las hojas de eucalipto colocadas debajo de las almohadas protegen a nuestros cuerpos, así como lo hace un cuchillo debajo de la cama, entre los colchones, o puesto en el suelo.

Un espejo pequeño pegado al cabecero reflejará cualquier mal que pudiera acercarse a nuestro cuerpo dormido, lo mismo hará un ciclamino (planta de cera) plantados en el dormitorio.

Para proteger a quienes esten en la cama coloque una escoba debajo de ella. Unte los largueros con aceite oloroso protector, como sándalo, geranio, rosa, romero e incienso. Forme un círculo de sal alrededor de la cama (permaneciendo dentro del perímetro del círculo), y estará protegido de todo mal hasta la mañana. Barra la sal con la escoba cuando se levante.

Se ha descubierto que el sueño es el tiempo ideal para curar las pequeñas enfermedades y dolores y para preservarnos de futuras enfermedades. Una cebolla grande y roja atada al larguero de la cama acelera la curación de muchas enfermedades, incluyendo los resfriados, y protege al o a los portadores de enfermedades futuras, aunque se puede cansar de oler a cebolla durante la noche. Si hace esto no se sorprenda si sueña con restaurantes italianos.

Una vieja herradura debajo del colchón ayuda a aliviar el dolor de muelas, y un corcho de vino o de champán, el dolor de espalda. Cualquier tipo de imán, especialmente uno en forma de herradura, absorbe los dolores cuando se coloca en la cama. Los puristas utilizan piedras imán (imanes naturales) para esto.

Ramas de abeto colgadas sobre la cama protegen de la enfermedad, o si ya está enfermo, facilitan la curación.

Las pesadillas, que nos traen malos sueños durante la noche, nos han atormentado durante mucho tiempo. Sus orígenes todavía están abiertos a la especulación, pero afortunadamente hay métodos para vernos libres de estas monstruosidades.

Una piedra agujereada colocada debajo de la cama o atada a uno de los larguero nos pone a salvo de las pesadillas, como lo hace un cuchillo o un pedazo de metal debajo de la cama.

Verdolaga debajo de la cama, y verbena o muérdago colgados del cabezal son buenos para rechazar las pesadillas, como poner un trozo de madera de betunia o algo de plata debajo de la cama.

Comer bálsamo antes de irse a dormir era una práctica indicada para asegurar una noche llena de sueños placenteros y relajantes, lo mismo que dormir sobre una pequeña almohada de semillas de anís o de tomillo.

Los sueños suelen ser básicamente de tres tipos: Indicadores psíquicos del presente, del futuro o del pasado; recuerdos confusos de proyecciones astrales, y realización de deseos y viajes mentales.

Muchos de nosotros hemos tenido sueños que parecían reales o nos han preocupado porque se repetían. Freud y Jung, un estudiante de Freud, investigaron y trabajaron en el mundo de los sueños, haciendo el antiguo arte de analizar los sueños, de nuevo respetable, sacaron la interpretación de los sueños de su marco mágico y la acercaron al realismo científico.

Sin embargo, esto no ha disminuido el impacto o la magia de los sueños ni ha explicado por qué tantos sueños realmente se materializan en gentes o sucesos de nuestro entorno. Se necesita todavía estudiar mucho en relación con los sueños.

Es muy útil llevar un diario de los sueños si se quiere trabajar sobre ellos. Cada mañana, al despertarse, antes de levantarse de la cama, escriba en un cuaderno todo lo que recuerde de los sueños que ha tenido esa noche. Apunte la fecha, la hora en que despertó y cualquier otro factor que pueda haber afectado a sus sueños. Pruebe a repetir esta afirmación cuando esté en la cama antes de dormirse: Recordaré mis sueños más importantes. Si lo hace cada noche, dará resultado.

Cuando vuelva a leer la descripción de cada sueño, analícelo. ¿Qué clase de sueño es, psíquico, recuerdos de viajes astrales o cumplimiento de deseos? (Vea las siguientes descripciones.) A continuación evalúe su importancia. Si es un sueño psíquico, decida cómo actuar mejor sobre él, pero recuerde: No somos indefensos instrumentos del Destino. Tenemos el poder de cambiar nuestro futuro ya que lo estamos creando en cada minuto que vivimos.

Algunos sueños son psíquicos, porque mientras dormimos nuestra mente consciente se cierra y el subconsciente (o mente profunda) puede actuar libre de ataduras. Es nuestra psíquica, intuitivamente, la que nos envía imágenes de posibles situaciones futuras a través de los sueños. Frecuentemente lo hace de forma simbólica, porque la mente subconsciente usa el simbolismo como lenguaje. Se debe recordar esto: Un sueño, aunque sea físicamente inspirado, puede no ocurrir. A través del simbolismo se puede señalar cualquier otro acontecimiento o realidad de nuestra vida.

Una mirada más profunda a estos sueños psíquicos (distintos a los otros dos tipos mencionados) puede con frecuencia revelar futuras tendencias o iluminar condiciones actuales y aptitudes que nosotros ignoramos tener. En otras palabras, aunque los sueños psíquicos no siempre predicen el futuro, pueden proporcionarnos fogonazos reveladores de partes secretas de nosotros mismos.

La proyección astral es un tema distinto. Ha sido definida como la separación de la consciencia del cuerpo. Esto no es una idea tan extraña como pudiera parecer, ya que hay una diferencia entre el cerebro y la mente. La mente no es física y con técnicas apropiadas puede moverse a voluntad.

Hay muchos libros que guían al estudioso a través de ejercicios dirigidos a facilitar la proyección astral, por tanto no quiero intentar competir con ellos aquí. (Ver Bibliografía.) Aunque el concepto de proyección astral es bastante sencillo, el fenómeno en sí mismo puede ser una emocionante y tonificante experiencia. Con práctica, la conciencia libre de lazos físicos puede viajar a cualquier lugar del universo.

La mayoría de nosotros hemos tenido proyecciones astrales de una manera natural en los primeros años de nuestra vida, antes de que la sociedad nos levantase barreras de dudas y materialismo. Pocos son capaces de disfrutar de completa libertad y facilidad para la proyección astral después de la juventud.

Todos nos proyectamos con bastante frecuencia pero no tenemos memoria de las proyecciones, porque ellas son bloqueadas por la consciente (materialista) mente. Frecuentemente parece tan real que un ocultista diría que ha ocurrido en lo astral, ya que tenía algunas bases reales y era muy diferente de un simple sueño. Algunas veces, estas proyecciones astrales no son nada más que la realización de un deseo. Algunos sueños pueden ser en realidad memorias astrales, y es cosa de uno decidir si lo son, y en tal caso de qué manera permitirá que le influyan.

Aunque tales experiencias sean "reales" en el sentido material, es lo de menos. Son efectivas, y a cualquiera que haya experimentado y recordado estos viajes le da lo mismo.

La tercera clase de sueños consiste en los que no son psíquicos ni memorias de viajes astrales: son divagaciones mentales. La mente plasma los temores y fantasía del que sueña, escenas de famosos libros o películas, a veces como personaje central o con menor protagonismo: el de observador. Con demasiada frecuencia tales sueños se convierten en deseos realizados: el protagonista de la película se casa con la joven que nadie cortejaba, diamantes y cientos de billetes fluyendo de los bolsillos. Se necesita práctica y objetividad para separar tales deseos y sueños de los que son realmente psíquicos. Puede ser bastante tentador engañarnos a nosotros mismos.

Los sueños psíquicos se pueden crear a través de la magia. Antes de irse a dormir, vacíe su mente de todo pensamiento inútil y agudice su atención. Concéntrese en una cuestión, si tiene alguna; si no, simplemente relájese, limpie su pantalla mental y prepárese para una noche de revelaciones psíquicas (y una sorprendente mañana). Quemar eufrasia en el dormitorio produce sueños psíquicos, lo mismo que dormir con una almohada de artemisa.

Beber a sorbos un vaso de té de rosas caliente antes de irse a la cama puede causar visiones del futuro en los sueños, pero si no le gusta esa bebida, pruebe a poner una cebolla o una hoja de laurel debajo de la almohada.

Además, heliótropo colocado debajo de su cabeza, le permitirá ver en sus sueños al ladrón que le haya robado alguna propiedad, tal vez no le vea la cara, pero los símbolos y pistas del sueño le conducirán a la detención del culpable.

Dormir con la luz de la Luna llena iluminando la habitación, llevando joyas de plata, provoca sueños psíquicos, ya que la mente subconsciente está regida por la Luna, y por tanto también los sueños.

Coja un espejo pequeño, preferentemente redondo, hágale una pregunta cuando lo coloque por la noche debajo de la almohada. Lo mismo que el espejo refleja las cosas, también refleja el futuro. Busque su mensaje en sus sueños.

Si tiene alguna pregunta que desea que le sea contestada en sus sueños, escríbala en un pedazo de papel, coloque nueve pétalos de rosa en el papel, dóblelo tres veces y deslícelo debajo de la almohada, sus sueños le darán la respuesta.

Al despertar por la mañana, procure que sus primeras palabras sean placenteras porque esto le traerá buena suerte para todo el día.

Si lleva un diario de los sueños, no mire por la ventana nada más despertarse, ya que le haría olvidarlos.

Si sufre constantes pesadillas y nada parece darle resultado, al levantarse por la mañana después de haberlo experimentado, descríbale el sueño entero al Sol, no le perturbarán más.

No es prudente (en magia) dejar una cama vacía durante mucho tiempo. ¡Quién sabe qué clase de energía puede asentarse allí!, por tanto si tiene que estar fuera de casa por algún tiempo y quiere encontrar una casa limpia y segura al llegar a ella, meta una escoba dentro de ella, dejando la parte de las cerdas encima de la almohada. Si tiene una escoba reservada exclusivamente para prácticas mágicas, puede usarla. Nada importunará una cama tan bien guardada.

El dormitorio es un lugar de romance, amor y sexo. Aquí de nuevo la magia puede utilizarse para hacer que sus sueños se hagan realidad.

Si desea encontrar un amor, encienda una vela roja hasta que tenga gran cantidad de cera derretida alrededor de su mecha o derrita una pequeña cantidad de cera roja. Cuando la cera esté casi fría pero todavía moldeable, colóquela en un plato de cristal o de cerámica y coja tres de las siguientes hierbas secas: rosa, eneldo, margarita, albahaca, jengibre, tomillo, vainilla, regaliz, romero, geranio, enebro. Mezcle las tres hierbas escogidas en un plato pequeño, concentrándose en su necesidad de amor. Empiece a amasar la todavía poco derretida cera roja añadiendo una pizca de las hierbas cada pocos segundos hasta que la cera esté completamente mezclada con las hierbas. Déle a la cera la forma de un pequeño corazón, envuélvalo en una tela de color rosa y cuélguelo de su cama. Si desea avivar un amor, esparza polvo de lirio de Florencia entre las sábanas, o añada unas pocas gotas de patchuli o aceite de almizcle al último aclarado cuando lave sus sábanas.

Antes de que los amantes o potenciales amantes vengan a visitarle, queme almizcle, patchuli, romero o incienso de vainilla en su dormitorio para sugerirle mágicamente sus intenciones y llenar la habitación de vibraciones sexuales.

Los problemas de impotencia sexual pueden ser aliviados colocando una pieza de resina de sangre de dragón seca debajo del colchón o atar una rama de higuera a la cama.

Para crear o incrementar el amor y la sexualidad en el dormitorio, cree una atmósfera propicia. Urda un conjuro, inundando la habitación con románticos o apasionados pensamientos.

Por encima de todo, ámese a sí mismo, cada mañana al levantarse, a través del día y por la noche cuando duerma. Ésta es la mayor seguridad de recibir el amor de los otros.

6 La Cocina y la Cuchara

Cocinar es un proceso mágico de transformación que utiliza los cuatro elementos: Tierra (la comida misma, la cual brota de nuestro planeta), Fuego (la fuente de calor —llama, solar, electricidad), Agua (el vapor que surge de la sustancia caliente) y aire.Atraves de los elementos, el cocinero mágicamente prepara alimentos nutritivos.

La primitiva cocina utilizaba el Fuego, por supuesto. Los vegetales, y menos frecuentemente la carne, se tostaban en estacas duras y calientes. Los líquidos se calentaban en recipientes hechos de cuero o de madera, sobre piedras calentadas en el fuego.

No había despensas, todos los alimentos se obtenían de los campos y de los bosques.

Cuando aparecieron las cocinas, raramente estaban inactivas. Calderos con caldos hirviendo colgaban sobre fuegos con olor a roble en enormes chimeneas abiertas. Cestos repletos de frutos, vegetales y raíces silvestres. Jarras con hierbas, harinas, nueces, aceites, miel y vinagre se alineaban en los estantes, esperando ser utilizados, y el aire estaba impregnado de los deliciosos olores de las comidas que se estaban preparando.

Hoy en día nuestras cocinas se han convertido en cajas de metal empotradas en la pared. En la mayor parte del mundo el caldero ha sido sustituido por cazuelas y potes de barro, y la batidora hace tiempo que ha reemplazado al almirez.

Aunque nuestros útiles son modernos, esto no ha reducido los misterios culinarios. La cocina es todavía el altar en el cual se realizan los conjuros del cocinero. Cocinar es un acto de magia en el cual la manipulación del cocinero transforma los ingredientes naturales en algo más que la suma de sus partes.

En cierto sentido el cocinero es como el dios o la diosa que posee calderos mágicos de los cuales la comida fluía en cantidades milagrosas. Aunque el arte de cocinar hoy en día se considera una tarea desagradable, puede ser una emocionante aventura plenamente satisfactoria impregnada de antiguos rituales y tradición.

Porque comer es necesario para vivir, también lo es cocinar. Podemos pagar a alguien para que cocine para nosotros o comer en restaurantes, pero haciendo esto estamos perdiendo la oportunidad de ponernos realmente a tono con nuestros alimentos.

Somos lo que comemos. ¿No es un reconfortante pensamiento el que a través de la magia la comida sea más saludable, más fácilmente asimilada por el cuerpo? Si vamos a cocinar para nosotros, ¿no deberíamos proteger la habitación en la cual preparamos nuestras comidas?

Este capítulo no es una guía de cocina mágica; eso puede esperar para más tarde. De todas maneras es una guía a la naturaleza mágica de la cocina, sus útiles y procedimientos.

Aunque su idea de cocinar no pase de meter alimentos congelados en el horno, la cocina es todavía un lugar mágico.

Hay muchos encantamientos para proteger al que cocina, a la cocina y a la comida que se prepara en ella. Uno de los más agradables consiste en plantar en una soleada ventana de la cocina una planta de aloe. Esta planta se ha utilizado desde tiempos muy antiguos para aliviar quemaduras y raspaduras. Para tratar estas heridas corte suavemente un tallo flexible y maduro, dándole las gracias a la planta por su sacrificio, estruje la hoja de la planta y ponga el líquido que suelte sobre la zona lastimada. El dolor desaparecerá como por arte de magia, y si este líquido se aplica concienzudamente la quemadura puede curar al día siguiente.

La planta de aloe tiene propiedades mágicas. Si crece en la cocina, protege al cocinero de los accidentes que puedan ocurrir mientras se prepara la comida, los cuales pueden ser muy desagradables. Cuando use aceite de aloe en la cocina, unte con él la mayoría de los utensilios, ventanas, puertas y herramientas, para protegerlos también. Si no puede plantarla en la cocina, plántela en cualquier lugar de la casa.

Otra popular protección para la cocina es una ristra de ajos, cebollas o pimientos. Estas ristras se pueden comprar en tiendas de alimentación o en mercados y no son sólo elementos protectores, sino que además son muy decorativos. Si cuelga una de estas ristras en la cocina expresamente con propósitos protectores, no la use nunca como alimento, ya que absorberían toda la negatividad y pondrían en peligro a todo aquel que las comiese.

Una cabeza de ajo o de cebolla colocada en el alféizar de la ventana de la cocina es también una estupenda protección. Cristales emplomados(espejos) que reflejan el Sol colgados en una soleada ventana de la cocina son también excelentes elementos protectores.

Símbolos tales como pentagramas, cruces solares y corazones se pueden pintar, grabar o marcar con tiza, o dibujar, con los dedos mojados con aceites prefumados, en las canastas, alacenas, utensilios, sartenes y pucheros, incluso en los platos.

Algunos conjuros para la cocina son indicados para evitar el hambre en el hogar. Uno de ellos consiste en llenar una jarra con alfalfa y colocarla en la despensa. Mientras esté allí la familia no pasará hambre. Otro consistiría en colocar dos trozos de raíz de lirio *(Acoros Calamus)* en algún lugar de la cocina. Tanto éste como el de la alfalfa protegen contra la pobreza.

Para proteger la comida de la contaminación se puede fabricar una botella de magia casera. Poner tres agujas, tres alfileres y tres clavos dentro de una tarro, llenarlo con sal, taparlo fuertemente, sacudirlo vigorosamente nueve veces y derramar cera roja en la tapa. Colocarla en la despensa en un lugar donde no se vea.

Los utensilios de la cocina tienen naturaleza mágica. En tiempos pasados todas las cocinas tenían un mortero, era el principal elemento para moler y pulverizar, el cual ahora ha sido reemplazado por batidoras, trituradoras y otras máquinas para moler.

Tanto el mortero como su mango son muy ricos en simbolismos. El mortero o base cóncava representa el principio femenino de la creación, mientras que el mango simboliza el principio masculino. Juntos crean el cambio.

El mortero también recuerda al caldero, un utensilio mágico y sagrado. En realidad el mortero y el mango están llenos de magia, que colocados en la cocina (aunque en realidad no se usen nunca) protegerá la habitación. De todas maneras es tan útil que parece un desperdicio no utilizarlo. El mortero es perfecto para pulverizar especias, frutos secos y hierbas para usos culinarios o mágicos. Practique con él hasta que se acostumbre a usarlo. Cuando lo utilice mueva el mango en el sentido de las agujas del reloj, de otra manera de forma inconsciente se pueden verter vibraciones negativas dentro de la sustancia que se está preparando. Mientras está moliendo, mantenga pensamientos alegres y saludables. Si lo desea, concéntrese en la bondad de la comida que está preparando o en las virtudes mágicas de las especias o hierbas usadas como condimentos.

Como los juegos de morteros y mangos son de gran variedad de materiales, muchas cocineras mágicas las coleccionan.
Para un juego que se adquiera para cocinar, se debe escoger uno de construcción sólida que pueda soportar un fuerte martilleo. Los morteros de barro o de cristal de rompen fácilmente.

Si usa mortero para cocinar y para magia, tenga juegos diferentes, ya que un mortero en el que se han machacado acebo y muérdago no debe usarse para machacar ajos.

Hay otros tres utensilios culinarios —coladores, tamices y escurridores— que tienen una larga historia mágica. Si se cuelgan o colocan con propósitos protectores, mantienen la cocina segura. Algunas antiguas fuentes dicen que para disipar las pesadillas hay que colocar un tamiz cerca de la cama mientras se duerme. Los agujeros difuminan el exceso de energía que pudiese atormentar a la mente subconsciente.

En las paredes de la cocina se pueden colgar moldes de cobre para adornarla con sus ricos olores. El cobre está regido por Venus, el planeta del amor. Estos moldes por tanto traerán vibraciones amorosas a la habitación.

Los trípodes se han usado en las cocinas durante muchísimos

años. Los potes calientes se colocaban sobre utensilios de metal con tres pies (de aquí el nombre), los cuales con frecuencia se han encontrado al lado de los fuegos para cocinar en la antigüedad. Trípodes de hierro fundido son ya difícil encontrarlos, merece la pena coleccionarlos porque están llenos de simbolismo y magia. Los símbolos que cumúnmente aparecen en los trípodes son: escobas (símbolos de domesticidad, limpieza y protección), corazones (que representan amor y protección), pájaros (creatividad y libertad), flores (pasión) y pentagramas (protección).

Los trípodes están íntimamente conectados con la magia, no sólo porque el tres (el número de sus patas) es uno de los principales números mágicos, sino que también está dedicado a la Luna y a la diosa de los misterios en Wicca.

El fogón, un elemento de transformación dedicada al elemento del Fuego, que fue y todavía a veces es considerado sagrado, debe mantenerse limpio, pues aquí puede practicarse la magia más difícil.

En China algunas personas creen que el fogón debe colocarse mirando al Sureste para obtener mejores resultados. Como se creía que albergaba a un dios, algunas acciones tales como gritar, jurar, cantar, besar o incluso cortar cebollas no debían hacerse delante o encima de él.

Hay muchos conjuros para la cocina que se pueden intentar. Si desea que una receta le salga perfecta, cópiela con tinta roja, déjela en una superficie lisa en la cocina, coloque encima una vela roja en una palmatoria y encienda la vela; déjela quemar completamente antes de empezar a preparar la receta. Mientras arde, visualícese a usted mismo cocinando el plato con mucho éxito.

Cuando se le queme la comida, se corte, se le caigan ollas y sartenes o experimente una serie de accidentes, puede que sea necesaria una limpieza. Consiga una nueva y brillante tetera de cobre, llénela con agua (preferiblemente embotellada, o agua de lluvia o de manantial), añádale algunas hojas de laurel, romero, corteza de limón (fresca si es posible) y canela. Ponga también una pequeña cantidad de sal. Colóquelo al fuego sin tapar. Cerca coloque tazones o vasos con flores de colores por toda la cocina mientras el agua se calienta. Mientras su perfumado vapor llena el aire, eche sal sobre el suelo de la cocina, después bárralo y échelo fuera de la casa.

Coloque una cebolla entera debajo del fregadero de la cocina par absorber la negatividad (cámbiela cada mes si es necesario). Después de unos pocos minutos apague el fuego. Deje que se enfríe el líquido de la tetera, cuélelo a través de un paño y salpique unas cuantas gotas en los utensilios, en los armarios,en el fregadero, en el piso, etc. Si lo desea, añada parte a su fregona y friegue el suelo hasta que brille. Tire el resto del agua por la cañería y su cocina quedará fresca, limpia y lista para hacer su magia.

Una limpieza más simple consiste en atar dos trapos de cocina juntos por el medio, colocarlos en un cazo de agua con tres hojas de laurel y dejarlo hervir durante dos minutos. Cuando el agua se enfríe, retire los trapos y las hojas y tire el agua por la cañería o fuera, en tierra baldía. Queme los trapos atados y las hojas. Sus problemas desaparecerán. Hubo un tiempo en que se temía que la comida pudiese ser embrujada. Por esta razón, cuando ésta se llevaba a la mesa, se cubría para preservarla de los maleficios.

Antes se creía que ninguna comida podía hechizarse si había sido previamente salada, debido probablemente a las mágicas y preservantes cualidades de la sal. En realidad un antiguo principio nos aconseja echar sal a la comida para evitar el maleficio.

La sal era tan sagrada en tiempos antiguos que los romanos adoraban a Salus, la diosa de la sal, prosperidad y salud. A los soldados romanos se les pagaba con sal. De ahí viene la palabra salario. La sal ha tenido un importante papel en magia y en religión desde la antigüedad como símbolo de pureza, vida, eternidad y fortuna. Hablando de sal, se considera mala suerte quedarse sin ella. Para evitarlo compre un paquete extra de sal y póngalo en un estante alto de la cocina. No lo use nunca, de esta manera tendrá siempre sal.

Al cocinar cualquier tipo de comida, desde sopa a zuchini, haga el signo de pentagrama en la cacerola con un tenedor o cuchillo. Esto protege a la cacerola y a la comida, asegurando su salubridad. Caracteres chinos significando salud, fortuna y prosperidad se trazan también en las cacerolas.

El fin último del trabajo de la cocina es, por supuesto, consumir los alimentos. Comer es un acto místico, una unión de fuerzas vitales que nos capacitan para seguir viviendo.

En el Hogar Mágico lo que comemos es casi tan importante como la manera de cocinarlos. Muchos magos en nuestros días son estrictamente vegetarianos, mientras que otros consumen una gran variedad de alimentos, incluyendo carne. Para que un Hogar Mágico funcione correctamente, los que residen en él deben comer correctamente también. Una dieta que incluya frutas y verduras frescas, productos de grano integral, poco azúcar y grasa además de las adecuadas (pero no excesivas) proteínas es la manera más sana de alimentarse.

A pesar de que algunos aseguran que una alimentación completamente vegetariana es esencial para la magia, esto no es asequible para todo el mundo. En la mayoría de las culturas la carne es el segundo aporte alimenticio después de los vegetales y de las legumbres. Usted puede escoger.

Comer con otros crea un lazo único. Es la base de las comidas rituales, como la comunión tan común en la religión. Cuando se come con una persona se establece un vínculo, aunque no la vuelva a ver. Han compartido este ritual.

Rezar antes de comer debe hacerse como un acto de unión con la comida que va a ser consumida, tanto a través del reconocimiento de un ser supremo o un simple canto dirigido hacia la comida. Esto puede hacerse silenciosamente. Antes de comer coloque las manos a cada lado de la comida y envíe energía a través de la visualización. Reciba su energía de vuelta y entonces disfrute.

La mesa del comedor está cargada de rituales. Debe estar paralela a las paredes para que las líneas de energía que corren a través de sus cimientos floten suavemente alrededor de ellas.

Como la mesa del comedor (y todas las mesas) parece un altar, acciones tales como sentarse encima de la mesa o colocar dinero o zapatos encima de ella trae mala suerte.

Al poner la mesa, ponga primero la sal, y retírela al final. La sal protege la comida y a los comensales. Al comer con otros pase la sal con una sonrisa.

Al pasar los platos de la comida en el sentido de las agujas del reloj alrededor de la mesa, se cargarán de energías positivas y asegurarán que sean saludables.

En la antigüedad, cuando el envenenamiento era común, se realizaban muchos rituales para evitar estas calamidades. Si se sospechaba que la comida había sido envenenada, a la hora de comer se clavaría un cuchillo con el mango de hueso de serpiente en la mesa. En el caso de que la comida estuviese envenenada el cuchillo temblaría y se agitaría. Los cubiertos de marfil se ponían dentro de la comida sospechosa. Si la comida había sido envenenada el mago se pondría negro.

Antes de comer algún líquido con cuchara (tales como sopa o potaje) revuelva el contenido de la taza de derecha a izquierda (agujas del reloj) tres veces, después retire la cuchara y disfrútelo. También puede mover un vaso tres veces en sentido del movimiento solar antes de beber, para purificar el contenido. Siempre que haga un brindis asegúrese de que los vasos resuenen para que el brindis sea oído por las fuerzas superiores.

Deje siempre un poco de comida en el plato, ya que la tradición dice que quien rebaña el plato sólo conocerá la pobreza.

Cuando estrene una cubertería nueva de plata, formule un deseo. Visualice el deseo cada vez que levante un tenedor o cuchara, y el deseo podrá convertirse en realidad, y si usted, como tantos hoy en día, está intentando comer menos, silbe en la mesa. Esto puede apagar su apetito, aunque algunos lo consideran de mala suerte.

7 Baño y Cepillo

Hasta hace comparativamente poco tiempo, el cuarto de baño no existía dentro de la casa. Ahora es tan común que muchos hemos olvidado los días de la jarra y de la palangana, el excusado y la vieja bañera con patas de garras. En realidad el cuarto de baño es el lugar donde se realizan actos cotidianos como bañarse, maquillarse, cepillarse el cabello, pero hay un millón de conjuros para la realización de estos actos.

Bañarse es hoy en día para la mayoría de nosotros la cosa más natural del mundo, pero en otros tiempos no era muy popular. Una Iglesia muy poderosa relacionaba el baño con antiguas religiones paganas. Pensaba que la limpieza era cosa del demonio, siendo la causa de que el Oeste de Europa soportase a través de cientos de años malos olores. Naturalmente la popularidad de colonias, pomadas, perfumes y telas perfumadas aumentó durante aquel tiempo.

Hoy apreciamos los beneficios del baño, ya no consideramos el agua como a un enemigo y nos parece difícil creer que hubo un tiempo en el que se considerase malo para la salud el bañarse en el mar. El baño y su moderna variante, la ducha, están aquí para siempre.

Como la mayoría de los aspectos de la vida cotidiana, el baño puede ser visto de varias maneras. Aunque pueda servir nada más que para lavar el cuerpo, el baño puede ser también un tiempo de relax, de olvidar preocupaciones, de soltar los músculos, intimar con una amante o realizar magia.

El baño forma parte de rituales mágicos. Magos y brujas con frecuencia toman baños rituales antes de los conjuros y ritos. La contemporánea magia vudú utiliza el baño como un medio para atraer el dinero y el amor, romper maleficios y bendecir y proteger a los niños. Innumerables sortilegios incluyen el baño. ¿Por qué es el baño tan popular en el mundo de la magia? Tal vez porque es una unión con el elemento del agua. Como nuestros cuerpos están compuestos en su mayoría por agua, lo mismo que la mayoría de nuestro planeta, tenemos una especial afinidad con este líquido. Ritos bautismales, los cuales formaban parte de muchas antiguas religiones, y la veneración por pozos y arroyos se encuentran entre muchos pueblos.

En nuestro agitado mundo una ducha sustituye con frecuencia a un baño más reposado. Muchos apartamentos ni siquiera tienen bañera. Aunque muchos prefieran la ducha,el baño es esencial, para introducirnos en un verdadero modo de vida mágico.

Un baño puede efectivamente ayudar a recobrarse al enfermo, la enfermedad puede transferirse al agua e irse por el desagüe (ver *El Poder de la Tierra** para más detalles). Para purificar el cuerpo y el espíritu, simplemente añada sal al agua del baño y sumérjase durante unos minutos. La sal neutraliza y elimina la negatividad. La sal se añade también al baño para ayudar a la curación y fortalecimiento del cuerpo.

Hay una gran variedad de baños mágicos destinados a ofrecer beneficios únicos al que toma el baño. Colocar monedas de plata en la bañera asegura dinero en el futuro, por lo que con frecuencia se acostumbra a hacerlo en el primer baño del bebé.

Una inmersión en leche de cabra alivia los dolores de artritis, y bañarse en leche de vaca aumenta mágicamente la propia belleza.

Recoja un poco de la primera nieve de invierno, derrítala y añádala a su baño, esto le ayudará a mantenerse sano durante todo el año. De la misma manera, si se baña con la primera lluvia de mayo le proporcionará buena salud.

*Por Scott Cunningham, publicado en castellano por Mirach, S.L.

Para curar a un niño, visite un cementerio entre la medianoche y la una de la madrugada, arranque unas hierbas de una tumba (asegúrese de que no sean venenosas), vuelva a casa sin mirar hacia atrás y prepare un baño con estas hierbas. El niño debe bañarse en este agua para que pueda ser curado.

Bañarse a diferentes horas y durante ciertas estaciones confiere diferentes beneficios mágicos. Por la mañana un baño aumenta la belleza, como lavarse la cara con el rocío de mayo.

Tomar un baño al mediodía dará buena suerte y fortuna, lo mismo que durante la Luna llena.

Bañarse por la noche aumenta la claridad mental. Algunos creen que se debe lavar el pelo siempre que se tome un baño, ya que en caso contrario se pondría enfermo.

Un adagio dice que hay que bañarse durante el Solsticio de Invierno o la antigua fiesta pagana de Beltane (30 de abril o 1 de mayo) con una moneda envuelta en el paño de lavarse. Esto le dará buena suerte.

Tomar los lunes un baño antes de irse a dormir asegura sueños proféticos. Los martes el baño aumenta la pasión, mientras que los miércoles fortalece la inteligencia. Un baño los jueves trae dinero, los viernes ayuda a encontrar el amor (o aumenta el amor si éste ya se ha encontrado). Los que se bañen en domingo serán más fuertes y más sanos por hacerlo.

Los baños se pueden realizar en conjunción con ritos mágicos. Por ejemplo un conjuro realizado un jueves para aumentar la riqueza puede ser precedido de un baño (vea *Herbalismo Mágico)*.

Hay muchas plantas, especias y aceites perfumados que se pueden añadir al baño con mágicos propósitos. Lavanda, romero y menta son de las más populares. Simplemente ate las hierbas dentro de un paño de gasa e introdúzcalo en la bañera.

El más sencillo baño nocturno se puede convertir en una aventura exótica con un mínimo de preparación. La luz de la Luna penetrando por las ventanas abiertas crea la atmósfera apropiada, como lo hacen las velas blancas iluminando suavemente el cuarto de baño. Aceites y hierbas añadidas al agua y un poco de incienso quemándose ayudan a establecer la atmósfera. Cuando todo esté dispuesto, sumérjase en el agua, relaje su mente

y deje que el momento le atrape. Cuando salga se encontrará mejor y a punto para meditación, recreo, dormir o una amistad.

Conjuro para el baño: Llene una tercera parte de la bañera.

Permanezca de pie delante de ella, mirando dentro del agua. A través de la visualización cargue el líquido de sentimientos, emoción o calidad. Por ejemplo, visualice el agua remolineándose con billetes si necesita dinero, o corazones si necesita amor. Visualice el agua empapada de esta esencia, este poder. Entonces deslícese dentro de ella y sepa que esta energía se está sumergiendo con usted.

Tal vez le apetezca establecer una comunicación con la Luna llena a través de un baño de Luna. Simplemente llene media bañera de agua, preferiblemente fría, en ningún caso caliente. Saque una cuarta parte de este agua con un vaso o cacharro de cristal. Sosténgalo fuera durante unos minutos, permitiendo que la luz de la Luna inunde el agua. A continuación, vuelva a dentro y añada este agua a su baño. Añada media taza de leche, tres gotas de vino blanco y un poco de piel de limón al agua. Encienda una vela blanca y queme jazmín, loto, gardenia o incienso de sándalo. Báñese, sintiendo el frescor de la Luna, su húmedo poder fluyendo a través de usted, nutriéndole y confortándole. Si lo desea, cierre sus ojos e imagine a la Luna directamente encima, brillando en plena gloria.

Después de un tiempo prudencial, séquese y vuelva a sus actividades. Se ha puesto a tono con la Luna y al hacer esto se ha fortalecido. Como la Luna es una poderosa fuente de energía mágica, el alinearse con ella es una importante experiencia mágica.

Como puede ver, el bañarse no tiene por qué ser un acto frívolo. Puede y debería ser parte de la maravillosa y diaria práctica de una vida mágica.

La cosmética tuvo un origen mágico. El maquillaje, una parte de los ritos mágicos, se creía necesario para la protección del cuerpo. Los cosméticos fueron usados para curar al enfermo, impedir que el mal entrase en el cuerpo, protegerse de los animales peligrosos e impedir que se escapase el espíritu.

Los ojos eran la principal parte del cuerpo que había de protegerse. Los antiguos egipcios usaban khol para delinear y acentuar los ojos. El polvo expertamente aplicado formaba un óvalo perfecto a través del cual no podía pasar el mal de ojo.

Los egipcios también pintaban el párpado superior de color azul y el inferior de color verde. Eso no sólo se hacía para fortalecer sus poderes ópticos, sino también para protegerse. La mayoría de los cosméticos para los ojos en un principio se utilizaban para prevenir la ceguera.

Las barras de labios tienen su origen en las coloreadas substancias grasientas con que se embadurnaban los labios para protegerlos contra la entrada de los malos espíritus o la salida del espíritu con el aliento. Colorear los labios tal vez se hacía también para impedir que la comida envenenada entrase a través de ellos.

Las uñas de los pies y de las manos se pintaban o teñían para proteger estas extremedidades. En algunas partes del mundo, incluso en el día de hoy, se hacen mediante tatuajes maquillajes permanentes. En los Estados Unidos muchas mujeres se tatúan las cejas. Era tradicional entre los marineros, en los últimos cien años, tatuarse para protegerse contra los naufragios.

Últimamente tales adornos se relacionan con la belleza. En un principio, sin embargo, los cosméticos se consideraban de naturaleza mágica y eran usados tanto por los hombres como por las mujeres.

La magia relacionada con la cosmética todavía perdura. Las mujeres hindúes todavía ponen pintura negra en sus párpados para protegerlos del mal. Las mujeres en el Medio Oriente usan alheña para dibujar sus manos y cuerpos con intrincados dibujos, una práctica que se extiende desde por lo menos el antiguo Egipto hasta nuestros días. Esto se hace no sólo por cuestión de belleza, sino también para proteger a la mujer.

El uso de colonias, perfumes y aceites perfumados se extiende a través de toda la historia que se recuerda. Estos aceites perfumados, en un principio utilizados con propósitos mágicos y religiosos, derramaban sobre las imágenes de los dioses o se quemaban en lámparas de aceite en su honor.

Ya que los cosméticos y perfumes tienen un origen mágico, su uso en nuestros días se puede comunicar con cualidades mágicas.

Los aceites se usan frecuentemente en magia. Si necesita valor, úntese con aceite de geranio rosa. ¿Se siente decaído? Una gota de aceite de canela o de pimenta le levantará el ánimo. Si se siente inclinado al amor pruebe a ungirse con aceite de rosa o de camarú.

El color es uno de los más importantes aspectos de la magia de la cosmética. Los colores tienen poderes, y a través de siglos de observación y uso, cada uno ha adquirido una tradición mágica específica.

Los cosméticos se pueden usar en ritos verdaderamente mágicos para cambiar el aspecto. Si desea una cara distinta, póngase de pie delante de un espejo y concéntrese en cambiar su cara mientras se aplica el maquillaje. Ésta es una forma de autofascinación que, con la práctica, lo puede conseguir cualquiera. Cuando se aplique el maquillaje, no vea su cara en el espejo, visualice la que desea conseguir. Cada vez que se mire en el espejo, vea su nueva cara. Los otros pueden notar su cambiada apariencia, pero no serán capaces de explicarlo. Sonría dulcemente y guarde su secreto.

Esta técnica puede usarse para mejorar la apariencia, disimularla (lo cual tiene también sus ventajas) o alterar completamente su aspecto, si desea evitar a alguna persona determinada o pasar inadvertida entre la multitud.

Incluso para aquellas mujeres que no desean cambiar su aspecto, los cosméticos pueden ayudarles en otro sentido. Aplicarse la barra de labios con el firme convencimiento de que este ritual le ayudará a expresarse con mayor precisión es una práctica excelente para aquellas que hablan en público. Se puede hacer lo mismo con cualquier tipo de bálsamo para los labios.

Sombra de ojos, lápiz o máscara de pestañas, se pueden aplicar con la intención de fortalecer la vista. Las uñas se pintarán teniendo en mente la idea de que las uñas y las manos a las que están unidas alcanzarán y atraparán todo lo que se necesita.

Si esto parece absurdo, recuerde que son rituales. Los rituales nos ofrecen una fácil comprensión, una clara representación de nuestras aspiraciones y deseos. Son más que poderosos impulsos psicológicos, porque ellos fijan las energías en movimiento, lo que es la esencia de la magia.

La magia de la cosmética es una práctica personal, depende de sus necesidades y deseos. Sólo recuerde, mientras se maquilla, que son ritos mágicos, que se esconden miles de años de tradición detrás de estas acciones.

He aquí una receta para la cosmética mágica de la mujer, fácil de realizar: Coja una crema facial y póngala en un plato o recipiente de vidrio o cristal. Añádale agua de rosas hasta que la crema esté perfumada. Bátala hasta que esté completamente mezclada, luego revuélvala con una pluma. Si se aplica esta crema mágica, atraerá a los hombres. Llevándola, también evitará las discusiones con quienes se encuentre, de acuerdo con antiguas enseñanzas.

Peinar y cepillar el pelo es otra diaria actividad cargada de notas mágicas. Hay millares de conjuros y ritos relacionados con el cabello para aumentar o mejorar su apariencia.

Algunas personas son supersticiosas con respecto al cabello, creen que cuando se corta, los poderes mágicos disminuyen. Aunque el pelo es una manifestación de fuerza, también lo es el resto del cuerpo. El cabello perdido no disminuye nuestra aptitud para realizar magia efectiva, como sabían los antiguos magos y sacerdotes que ritualmente afeitaban sus cabezas.

Trenzar o recoger el cabello era antiguamente una práctica común para anular la negatividad dirigida a la persona. Los moños y trenzas anulaban los hechizos nocivos y a la vez protegían la cabeza. Durante los rituales de protección, las mujeres a menudo ataban o trenzaban su cabello.

Durante siglos, a las brujas con trenzas rojas se las consideraba más poderosas que a las rubias o morenas, y en realidad el pelo rojo participa en muchos hechizos antiguos. Esto puede tener relación con el color del Sol.

Cuando se cepilla o peina el cabello, también se pueden cepillar ciertas ideas y energías. Si desea perder peso, por ejemplo, póngase delante de un espejo, de pie o sentada, mirándose a los ojos, cepillándose el pelo rítmicamente. Empiece visualizándose a usted misma rechazando felizmente las comidas que tanto le gustan y que le engordan, comiendo sensatamente y llevando ropas de tallas menores. Si el conjuro se repite diariamente y se acompaña de ejercicio y se come menos, puede lograr maravillas.

El peine hubo un tiempo en que era un símbolo de realeza; usado en magia para desenredar el mal, también protegía del mal de ojo. Adoradores de Venus le ofrecían peines en su altar. Un peine se coloca en el altar durante los conjuros amorosos.

Si desea conservar su pasión, no cepille su cabello después del atardecer. Esta es una forma segura de perder su interés por el sexo. Un antiguo conjuro persa nos indica permanecer en la oscuridad de pie delante de un espejo peinando y cepillando el cabello sin pensar, hablar o hacer otro movimiento. Los espíritus aparecerán en el espejo.

Hay algunos conjuros muy curiosos relacionados con el pelo. Para estar segura de la fidelidad de su compañero, una antigua tradición gitana dice que la mujer debe atar algunos cabellos suyos con algunos de los de su marido; si hace esto tres veces durante la Luna llena, mientras visualiza a su marido permaneciendo felizmente en casa, la fidelidad está asegurada.

Para que le crezca el pelo fuerte, un hombre debería ir a un riachuelo o arroyo y, con su mano izquierda, coger agua contra corriente y verterla sobre su cabeza.

Si teme perder el cabello, una antigua tradición galesa nos indica hacer lo siguiente: Simplemente frote unas uñas contra otras diariamente durante cinco o diez minutos. Mientras las frota, visualícese conservando un cabello abundante al llegar a la edad madura.

Las barbas y bigotes son tadavía vistos con recelo por mucha gente. Algunos las consideran perniciosos, pero otros creen que si un hombre peina su barba con demasiada frecuencia aumentará sus deseos carnales.

Hay una curiosa creencia de que después de lavar el cabello se debería comer o beber algo antes de irse a la cama. Si no hace esto podría ser robado por las hadas mientras duerme.

8 El Jardín de Interior

Si a usted le gustan las plantas, pero no tiene sitio para tener un jardín en el exterior, traigalo al interior de su casa. Las plantas de interior no sólo añaden vida y vibrante color verde a su casa, sino que también traen algo de la magia de la naturaleza al interior. Cuando coexistimos con las plantas, crecemos más cerca de la vida misma.

Las plantas de interior también prestan específicas influencias o poderes a lo que las rodea. Puede coordinar las plantas con las distintas habitaciones. Por ejemplo las plantas que desprenden vibraciones amorosas pueden crecer en el dormitorio, las plantas protectoras cerca de la puerta principal, las plantas de belleza y de salud en el cuarto de baño y en la cocina, y así sucesivamente.

Algunas de las más populares plantas de interior de hoy día, como la *Dieffenbachia,* son mortalmente venenosas y no son recomendables. Estas plantas frecuentemente emiten fuertes vibraciones que pueden causar la ruina en la casa mágica, distorsionando sus usualmente serenas energías.

A continuación sigue una lista de algunas populares plantas de interior y sus mágicas virtudes. Si usted es diligente y cuida sus plantas, las cuales dependen de usted para sobrevivir, puede plantar un místico jardín dentro de la casa, donde puede apreciar su belleza y poder en su vida diaria.

Violetas Africanas son bastante populares entre muchos cultivadores de plantas de interior que no tienen idea de sus mágicas propiedades. Mágicamente bajo la influencia del planeta Venus, éstas de alguna manera difíciles de cultivar, proporcionan vibraciones espirituales y pacificadoras. Sus flores de cinco pétalos son protectoras y unen a la planta con la divinidad femenina: la diosa.

Una planta lunar de la familia de los lirios, el **aloe**, protege contra los impulsos y accidentes en el hogar, lo mismo que de las energías negativas. En Hawaii, el aloe, es una planta de buena suerte.

El **anthurium**, originalmente una planta de Sudamérica, con una especie de hojas llenas de colorido y de forma de corazón (frecuentemente mal llamadas flores) y brillantes hojas, es muy abundante en Hawaii y se exporta a las floristerías. Ahora es más fácil conseguirla en el continente. Esta planta casera proporciona amor y belleza a la casa.

La pepita de un **agüacate,** si se la deja germinar metida en agua, se convertirá en una bonita planta que esparcirá amor a través de toda la casa. Regida por Venus, esta planta puede incrementar los apetitos sexuales.

El gracioso **helecho nido de pájaro** da protección al hogar y a sus ocupantes, especialmente a los niños y a los bebés, y belleza a todos.

La **bromelia** da lujo y abundancia al hogar, lo mismo que una exquisita belleza (especialmente las variedades más exóticas). Regida mágicamente por el Sol, esta planta tiene agudas espinas que rechazan y disuelven las energías negativas.

El **cactos**, de una gran variedad de especies, es una planta protectora que debería crecer en el interior (especialmente en ventanas soleadas). Si es posible, coloque un cactos en una ventana situada al Norte, otro en el Este, y así seguidamente. Esto ayudará a proteger la casa contra los ladrones e intrusos. Los cactos también pueden tenerse en el dormitorio si usted quiere enfriar sus urgencias sexuales. Están regidos por Marte.

El **azafrán**, una planta de Venus, normalmente florece en primavera, enviando vibraciones de paz y de amor a través del hogar.

Los bulbos del azafrán se pueden aclimatar dentro de casa para florecer en invierno.

Dentro del hogar el *ciclamen* es protector, ya que ningún conjuro negativo tiene efecto donde él vive y también protege de los efectos del mal tiempo en el hogar. Si crece en el dormitorio, le protege mientras duerme.

Todos los *helechos* son mágicamente potentes y se han usado en prácticas protectoras durante centenares de años. Algunos de los más populares pueden crecer dentro del hogar para estos propósitos, y son particularmente efectivos si se colocan delante de grandes ventanas. Se dice que si se pone un poco de tabaco en la maceta crecen mejor. Esta planta está regida por Mercurio.

La *hiedra* de cualquier clase (regidas por Saturno) son protectoras al mismo tiempo que decorativas, sobre todo cuando crecen fuera por las paredes. Puestas en macetas dentro de la casa, cumplen la misma función; por sus curiosos tallos y hojas vacían todo el mal y la negatividad del hogar donde están.

Las *orquideas*, normalmente nos recuerdan al amor, sin embargo en Oriente se cree que inducen a la castidad. De todas maneras son unas estupendas plantas de interior para aquellos que tengan paciencia para cuidarlas. Están regidas por Venus.

Las *palmas*, plantas solares, son también espirituales. Donde crecen emanan vibraciones elevadas. Sus grandes cualidades espirituales hacen que estén ligadas con las prácticas religiosas y mágicas de todos los tiempos.

El *pino de la isla de Norfolk*, protege contra el hambre y el mal si crece dentro del hogar. Es un árbol perfecto para la Navidad, y su propia forma refleja su potencia mágica.

Considerado muy afortunado y raro, el *cacto de San Pedro* posee propiedades curativas. Está asociado con los cuatro vientos y es una planta muy protectora, teniendo un papel muy importante en los ritos mágicos y religiosos de Centroamérica.

Portadoras de amor y de abundancia, las *suculentas*, son de las plantas más fáciles de darse dentro de la casa. Escoja las que atraigan su sentido místico. Están regidas por la Luna.

El *ti* (o *ki*), planta muy popular en Hawaii lo mismo que en el continente, es una planta de muy buena suerte en general con gran cantidad de usos mágicos. En Hawaii se usa todavía en ma-

gia, frecuentemente colocada en altares o envolviendo las ofrendas dejadas en la antigua piedra *heiau*, o en los templos. Creciendo en el hogar el ti es protectora y emite vibraciones positivas. La variedad verde es la mejor y es la única que conocían los antiguos hawayanos. El de color rojo, supuestamente acarreador de mala suerte, está dedicado a Pele que, como diosa del volcán, está asocida con la destrucción lo mismo que con la creación. De acuerdo con una contemporánea tradición mágica del continente, el ti que crece en el hogar atraerá el dinero si se le pone una moneda debajo de él. La planta está regida por Júpiter.

Los *tulipanes* son un amparo contra la pobreza y la desesperación. Regidos por Venus, son una planta de amor. Si le dan un tulipán en primavera, cuídelo. Reserve el bulbo y vuélvalo a plantar al año siguiente para conseguir más amor y dinero.

La *atrapadora de moscas de Venus* puede parecer una extraña planta casera, pero esta fascinante planta devoradora de insectos se pue de conseguir en muchos viveros. Aunque están dedicadas a la diosa del amor, generalmente se tienen en casa por sus cualidades protectoras. Se puede cultivar específicamente para "cazar" o "atrapar" cosas como suerte, dinero o un trabajo.

Algunos dicen que *el judío errante* da mala suerte si se cultiva en el hogar, pero no conozco a nadie que pueda confirmarlo. La estructura de las hojas de esta planta traiciona sus cualidades protectoras. Está regida por Mercurio.

La *planta de cera*, con sus duras hojas que parecen de cera y sus flores estrelladas, es popular entre los magos a causa de su parecido con el pentagrama. Regida por Saturno, si crece en el interior teje una red de seguridad alrededor de la casa.

La *higuera llorona*, aunque algo difícil de cultivar, proporciona un sueño reposado si se coloca en el dormitorio. En la cocina, protege contra la pobreza y el hambre. En cualquier lugar de la casa da buena suerte y toda clase de prosperidad.

9 Pieles, Aletas y Plumas

Ha habido siempre una familiaridad natural entre los animales y los practicantes de las artes mágicas. Muchos animales han llegado a estar íntimamente ligados con sistemas religiosos y mágicos, y han sido reverenciados como dioses o condenados como demonios.

En tiempos primitivos el familiar o mágico animal doméstico era el mediador entre la bruja y el mago con las fuerzas de la Naturaleza. A través de la cohabitación y el ritual, la bruja y el animal formaban una asociación poco corriente que con frecuencia se utilizaba en magia.

Millones de personas sin estar interesadas en las artes ocultas, han establecido satisfactorias relaciones de amistad con los animales. Los psicólogos nos dicen también que los animales domésticos pueden ayudarnos a mantener una buena salud mental.

Mientras que los humanos somos de alguna manera civilizados, los animales no lo son. Sus corazones laten con la salida y la puesta del Sol, la excitación de la caza, el confort del estanque, nido, madriguera, rama o agujero. Los animales están más cercanos a la Tierra y a sus poderes; ellos oyen la música del universo a la cual la mayoría de nosotros hemos cerrado nuestros oídos.

Como los animales, los aficionados a la magia viven en armonía y de acuerdo con los pulsos y ritmos de la Naturaleza. Para cambiar alguna cosa del universo, nos tenemos que poner a tono con él. Establecer una amorosa relación con los animales es un buen principio.

Cuando invitemos a nuestros amigos animales a compartir
nuestro hogares, o les dejemos fuera agua y comida para permi-
tirles disfrutar de su libertad, estamos creando lazos psíquicos
entre el ser humano y el animal. Esto crea una comunicación
directa con la Tierra y sus poderes.

Se puede escribir mucho relacionado con esta mística conexión. Los amantes de los animales nos hablan del desarrollo de
ciertas formas de comunicación entre las especies que realmente funcionan. Se han recibido mensajes psíquicos de los animales de vez en cuando. Animales perdidos u olvidados durante
un traslado, frecuentemente aparecen a la puerta de la nueva residencia, cientos o incluso miles de kilómetros más lejos.

Todo tipo de animal doméstico puede ser una ayuda para el
hogar mágico. Sus movimientos pueden predecir acontecimientos futuros o el estado del tiempo. Gatos, perros y pájaros (entre otros) poseen agudos sentidos, tanto físicos como psíquicos,
y se les puesde entrenar para guardar la casa como vigilantes
píquicos. Ellos a menudo notan la llegada de extraños mucho
antes de que nuestros sentidos noten la menor señal de su presencia.

Dado que los animales son importantes miembros de la familia, deben ser protegidos mágicamente. Hay una gran variedad
de encantamientos para protegerlos contra los accidentes, enfermedad y robo. La mayoría de nuestros animales pueden protegerse con la utilización de los siguientes hechizos:

Compre un pequeño cascabel de cualquier tipo. Debe tener
un timbre sonoro. Cuélguelo del collar del animal, visualizando
el timbre guardando al animal. El sonido del cascabel automá-
ticamente desvanecerá la negatividad cuando el animal se mueva. Se puede colgar también un cascabel en la caja del animal
o colocarlo en su cama.

En el dorso de las placas y licencias del animal se pueden marcar signos y símbolos protectores, como pentagramas. Se puede
hacer una placa redonda de metal, grabar en ella palabras místicas o símbolos y colgarla con las otras placas.

A los animales que vivan en cajas o jaulas, como los peces,
pájaros, reptiles e insectos, póngales algún objeto protector en
sus moradas. Piedras agujereadas, cristales de cuarzo, conchas

o incluso pequeños trozos de papel en el cual haya escrito usted algún conjuro de protección, da muy buenos resultados. También puede rodear la jaula con un estambre blanco de pura lana o con un cordón que contenga nueve nudos.

Un collar de conchas protege a los animales de los adversos efectos del mal de ojo y también ayuda a quererles. Debería añadir una pequeña concha redondeada al collar del animal.

Hay también hechizos para evitar que el animal abandone el hogar. Aunque ésta tiene que ser una decisión de él, no queremos que nos deje antes de llegar a conocernos, el hechizo puede hacer la diferencia.

Sostenga a su animal delante de un espejo. Si parece que él percibe su reflejo, permanecerá en el hogar. O, si tiene una chimenea, póngalo mirando hacia ella. Estos conjuros deben hacerse el día que llegue el animal.

Una antigua práctica para poner al animal a tono con sus vibraciones consiste en permitirle comer de su plato cuando usted haya acabado alguna comida. Los pocos bocados que el animal consuma fortalecerán su relación con usted

Ciertos conjuros son especialmente indicados para recordarle que vuelva a casa después de sus correrías nocturnas. Primero, póngase en contacto con el animal; acarícielo o cójalo en brazos, o simplemente mírelo intensamente. Sostenga la respiración. Visualice cuando realice los siguientes conjuros.

Ponga una pequeña cantidad de azúcar en la boca de un gato un Viernes a las nueve de la mañana. Se dice que es muy efectivo. También lo es untar con manteca las patas del animal. Si un gato realmente se escapa, pero es recuperado, cójalo, y suavemente, láncelo tres veces al aire. Esto lo unirá a la casa.

Se puede evitar que un perro se extravíe colocando unos pocos pelos de su rabo debajo de los peldaños de la entrada de la casa. Otro curioso rito consiste en ponerse un poco de queso en los tacones de las botas.

El más efectivo conjuro para asegurarse de que sus animales permanezcan cerca del hogar se compone de tres ingredientes: adecuada alimentación, atención y amor. Tejerán un conjuro mágico lo suficientemente poderoso para garantizar la continua presencia de su animal doméstico.

En la antigüedad, cuando los animales domésticos actuaban de forma extraña, se pensaba que habían sido víctimas de un maleficio, entonces se hacían conjuros para contrarrestarlo y liberar a la desamparada criatura.

Hoy en día somos un poco más sabios, sabemos que no hay brujos malévolos escondidos detrás de los muros hechizando a nuestros animales, pero cuando ellos parecen estar decaídos o bajos de forma y médicamente no se les ha diagnosticado ningún problema, puede probar alguno de estos ritos ¡por si acaso!

El conjuro más sencillo consiste en derramar un círculo continuo de sal (en el sentido de las agujas del reloj) alrededor de la criatura. Si lo hace antes de que el animal salga del círculo, se curará. (Derrame sal alrededor de la caja si el animal vive en una.)

Dándole a comer el corazón de un membrillo también curará el maleficio. Si no puede encontrar ningún membrillo o su animal no lo quiere comer, intente que se mueva (vuele, nade, ande o se deslice) en forma de círculo en el sentido de las agujas del reloj tres veces. Si lo logra, el maleficio será levantado.

Un mayor problema hoy en día con respecto a los animales, es el robo. Aquí hay tres conjuros indicados para proteger a nuestros animales de manos amigas de lo ajeno.

De acuerdo con antiguas tradiciones, vaya al patio de atrás de su casa al amanecer, mantenga al animal sentado tranquilamente y, desnudo (¿es muy privado su patio?), corra tres veces alrededor del animal diciendo en cada vuelta:

Ladrón, ¡tus ojos nunca relumbrarán
sobre este animal mío!
Ladrón, ¡tus manos nunca atraparán a este
protegido animal mío!

O lleve al animal que debe ser protegido a un cruce de caminos, deje que se le caigan algunos pelos o plumas al suelo y diga:

Encrucijadas, caminos, escuchazme:
¡Este animal nunca me será arrebatado!:

Para terminar, coja unos pelos, plumas o alguna parte del animal (o fallando esto, dibuje al animal lo más parecido que pueda). Coloque esto con hierbas protectoras (como enebro, albahaca, laurel, romero, eneldo, etc.) dentro de una caja pequeña. Selle la caja y átela con nueve cordones blancos. Quémelo en su propiedad, tan cerca de su casa como sea posible. Su animal se verá libre de los ladrones.

A los animales siempre se les ha reconocido como poseedores de poderes especiales, por eso han sido utilizados con frecuencia en magia. Esto ha degenerado algunas veces hasta el punto que el animal ha sido sacrificado para conseguir una parte de su cuerpo (la pata de conejo por ejemplo). Obviamente, es más humano invitar al animal a vivir con nosotros, para que de una manera natural derrame sus poderes en nuestras vidas y hogares con su simple presencia.

Echemos un vistazo a las mágicas influencias y simbolismos de unos pocos comunes y menos comunes animales domésticos. Si alguno de ellos parece extraño, recuerde que todos los magos respetan y aman a todas las criaturas, incluso a aquellas que se nos ha dicho que son "malas", desagradables o peligrosas.

Murciélago

El murciélago, mucho tiempo asociado a lo misterioso, a veces se tiene como animal doméstico. Se dice que proporciona larga vida, felicidad y dinero a los humanos con los que vive. Consagrado a Perséfono y regido por el planeta Saturno, el murciélago algunas veces se considera el animal que da mejor suerte.

Pájaro

La frase "me lo dijo un pajarito" viene de aquellos tiempos en que los pájaros eran observados para adivinar el futuro. Muy admirados por su capacidad para volar, estas aladas criaturas son una gran compañía.

Si desea probar una clase de adivinación con los pájaros, acérquese a su pájaro, justo antes de ponerse el Sol y en riguroso silencio, con algunas de sus favoritas semillas en la mano. Haga una pregunta que pueda ser contestada con un sí o un no, o simplemente piense sobre su futuro. Entonces tírele algunas semillas al pájaro, o llénele su platillo. Si el pájaro come, el futuro es favorable o la respuesta es sí. Si no lo hace, el no es la respuesta. Los pájaros en el hogar pueden aumentar la memoria y los poderes mentales de los humanos que vivan allí. Son alegres compañeros, regidos por Mercurio. Sus plumas caídas pueden guardarse y usarse en conjuros.

Una pluma gris pegada a un paquete envía buena suerte a un amigo, mientras que una azul refuerza la salud y la verde aumenta el dinero. Atar varias plumas juntas y colgarlas sobre la cama protege de las pesadillas. Las plumas también son usadas para hacer conjuros para los viajes, debido a la capacidad que tienen los pájaros para volar. Una pequeña corona hecha de plumas y colocada debajo de la almohada de una persona enferma le ayudará a recobrarse rápidamente, si se teje la corona visualizando al paciente sano y en forma.

Las plumas se colocaban en el umbral de la puerta con la mística intención de impedir que los niños traviesos la atravesasen, y se quemaban debajo de la cama durante un parto difícil para facilitar el proceso.

Cada pájaro posee una personalidad distinta, como todos los animales. Por lo general, los pájaros son vivaces y afectivos. Pero tened cuidado: aunque son estupendos animales de compañía, los pájaros disecados, las pinturas de criaturas aladas o alas de cualquier clase en una casa son consideradas tabú. Estos objetos se dice que bloquean el flujo idóneo de energías a través de la casa, lo que causa la pérdida de su suerte. Incluso las plumas pueden ser sospechosas, muchas personas no tendrían una pluma de pavo real en su casa. Las mejores plumas para ser usadas en magia son las que se recogen del suelo después de habérseles caído a los pájaros.

Canario

El canario, debido a su brillante color amarillo, está consagrado al Sol. Desde hace mucho tiempo se tiene en la casa por su precioso canto, su legendaria habilidad para proporcionar armonía y felicidad al hogar y asegurar buena fortuna. Para una segura incubación de sus huevos, coloque entre ellos una hoja de salvia. Para la mejor suerte posible en el hogar, tenga un canario y un pez dorado (piense en sus colores).

Gato

El gato, largamente venerado y temido, es por su naturaleza una criatura misteriosa. Por sus hábitos independientes y nocturnos ha ganado un importante papel en el folklore y en la magia, relacionándolo con innumerables mitos, leyendas, ritos y conjuros.

Las actividades nocturnas del gato y sus rasgados y brillantes ojos le conectan firmemente con la Luna. Estaba consagrado a Bast, Freya, Isis, Sekhmet, Astarte y Diana, entre otras divinidades, y está asociado para siempre con las brujas y la magia en toda Europa.

En Gran Bretaña, al gato negro se le considera portador de vibraciones favorables, mientras que en los Estados Unidos se le mira con aprensión, como influencia negativa. Para asegurarse de una buena vista y aliviar cualquier irritación de los ojos, frote el rabo de un gato negro (a menos que tenga algún problema de alergia).

Observar a un gato revela mucho el futuro, de acuerdo con una antigua tradición. Si mientras está echado, vuelve su rabo hacia el Norte o el Este, se puede avecinar una tormenta. Si lo vuelve hacia el Sur o el Oeste, el tiempo será tranquilo y claro.

Cuando un gato se lava la cara es que una visita está a punto de llegar. Por la dirección hacia la que primero mire es por donde llegará.

Hay una gran tradición relacionada con la observación del gato y sus costumbres. Observar a un gato en sus distintas actividades puede ser una divertida forma de adivinación y es ideal para los amantes de los gatos.

Un gato de tres colores dará mucha suerte y mantendrá la casa libre de daño, y uno con la nariz manchada les dará dinero a los que vivan con él. A los gatos rojizos o atigrados se les consideraba especialmente favorecidos por las brujas.

Una encantadora historia relacionada con los gatos y sus místicos poderes cuenta que a una mujer que maltrataba a sus gatos siempre le llovía cuando lavaba la ropa (esto sucedía cuando no existían las secadoras eléctricas ni de gas, cuando la ropa se tendía en el exterior). Debido a una venganza psíquica de los gatos, la colada de la mujer nunca se secaba debidamente.

Compartir el hogar con un gato le traerá muchos beneficios y con ellos se pueden realizar una de las más agradecidas formas de magia a través de los animales.

Camaleón

El camaleón, por su capacidad de cambiar de color en relación con su entorno, es un animal ideal de compañía para aquellos que les gusta pasar desapercibidos. Está regido por la Luna porque los dos son cambiantes, pero en realidad ninguno de los dos cambia.

Antiguamente se creía que el camaleón protegía contra el mal de ojo. Hoy en día se cree que protege contra la enfermedad e incrementa los apetitos sexuales si se le tiene en el dormitorio y también se cree que hace más adaptables a los seres humanos.

Grillo

Muy populares como animales domésticos en Oriente, los grillos se meten a menudo en cajas de metal y se colocan en la chimenea. Se dice de ellos que proporcionan alegría y plenitud.

Se puede tener un grillo en el dormitorio como perro guardián. Normalmente el grillo chirría toda la noche, sólo para cuando do algún extraño entra en la casa, por lo que su silencio alertará a la familia.

Perro

A los perros desde siempre se les ha considerado como animales domésticos y han tenido su lugar en muchos ritos mágicos y religiosos. Los antiguos egipcios, babilonios, asirios, le adoraban como a un dios.

Esta criatura está regida por Venus, el planeta del Amor (sin embargo algunos piensan que realmente la Luna tiene el cargo honorífico). Por tanto el perro aumenta el amor en todo aquel hogar en el que vive.

Por otra parte, los perros están también bajo el dominio de Hecato, la diosa griega de las fuerzas oscuras. Se creía que de todas las criaturas, incluyendo las humanas, sólo los perros podían ver a esta diosa. Ellos avisaban de su presencia con aullidos y ladridos. Sensibles a lo invisible, los perros se asustan con los fantasmas y espectros, pero le alertarán de tales peligros. Si le causa problemas su perro por aullar durante la noche (y no hay señal de peligro) de la vuelta a los zapatos, se tranquilizará.

Consagrados a Diana, Hecato, Anubis y otros dioses y diosas, los perros son unos vigilantes excelentes y extremadamente leales a la casa que les alberga. Algunas veces se les mantiene para derramar energía protectora en el hogar.

Si comparte una almohada con un perro compartirá también sus sueños (y posiblemente sus pulgas).

Pez

Los peces son encantadoras ciaturas acuáticas que traen amor y felicidad al hogar. Si desea ponerse en trance de una forma natural, observe a un pez nadar suavemente en círculos hasta que sienta que su consciencia diaria empieza a desvanecerse.

Los peces dorados se tienen en los acuarios para atraer el dinero al hogar (debido a su color), para asegurar la fertilidad, si esto es un problma, fortalecer los lazos del matrimonio o de amistad o incluso para expulsar las energías negativas, ya que ellos están mágicamente regidos por el Sol.

Rana

La rana, largamente asociada con la magia y lo oculto, era un primitivo símbolo de inspiración. En tiempos primitivos estaba dedicada a Venus, Ptah, Heket y Hecato, y se solía tener como mascota para aumentar la fertilidad del jardín.

Si se quiere más compañía, se puede tener una rana dentro de la casa o fuera para atraer a nuevos amigos o conocidos.

Si por casualidad una rana salta dentro de su casa, véala como un presagio de buena suerte y espere que decida irse (dejando la suerte dertrás). Será muy desafortunado el que mate a una rana.

Si se necesita lluvia, pruebe a meter dentro de casa la rana del jardín y póngala durante unos minutos en un lugar obscuro. Esto invocará a la diosa de la lluvia para que envíe lluvias. La lluvia es un símbolo de resurrección y está regida por el elemento del Agua.

Iguana

La iguana, regida por el planeta Marte, se dice que aumenta el valor del que la acepta en su vida. A esta extraña criatura parecida al dinosaurio es muy divertida observarla al caminar o mascar tranquilamente lechuga. Desgraciadamente no son muy comprendidas por el género humano.

Lagarto

Los lagartos en general están regidos por Marte y alejan la enfermedad del hogar. También son protectores.

Mono

Los monos, regidos por Mercurio, son considerados sagrados en muchas partes del mundo todavía en nuestros días. Su presencia en la casa asegura la salud, el éxito y la buena suerte.

Lagartija

¿Quién no ha oído lo de "ojo de lagartija y pata de rana"? Las lagartijas pueden ser estupendas mascotas. Regidas por Venus, traen amor si están en el hogar y se adaptan a él.

Búho

Como las lagartijas, los búhos generalmente se alimentan de seres vivos, si esto le desagrada, no piense en tener un búho. Desde siempre famosos por su sabiduría y temidos como presagio de muerte, los búhos imparten inteligencia y dotes de observación a aquellos con los que habita. Están consagrados a Atenea y están regidos por Saturno.

Loro

Se dice que el loro aviva el ingenio de todo aquel que vive con él. Es realmente una criatura fascinante y puede ser de un entretenimiento interminable.

Cuando un loro silbe, cierre las ventanas, puede que llueva muy pronto. Enseñar a un loro a decir nombres sagrados o palabras de suerte traerá lo mejor para usted y para el pájaro.

Serpiente

La serpiente es un antiguo símbolo de sabiduría, eternidad y reencarnación. Tradicionalmente, una serpiente en la casa trae buena suerte. En algunas partes del antiguo Egipto, la serpiente era reverenciada como el guardián del hogar, proporcionando buena salud a sus habitantes.

En la antigua Creta, los dueños de la casa les proporcionaban leche y mesas bajas, ya que se creía que su presencia bendecía el hogar.

La serpiente representa longevidad, eternidad, sabiduría, reencarnación, salud y virilidad. En el día de hoy está ganando popularidad como animal de compañía. Durante cientos de años ha estado consagrada a Esculapio, Mercurio, Quetzalcoat, Wadjet y otros. Está regida por Marte.

Araña

La araña se puede tener en la casa como mascota, pero es más frecuente encontrarla vagando alrededor de su territorio. Nunca mate una araña; es mezquino e innecesario.

La araña es conocida por su destreza, por sus aptitudes para hilar y tejer y por su determinación. Por tanto si usted es hilandera o tejedora, es una excelente mascota.

Los chinos la consideran protectora y otros sostienen que aumenta la inteligencia.

Las arañas están asociadas con la Abuela Araña, una diosa creadora de la tradición Navaho, y Arazne, una fabulosa tejedora que fue transformada en araña en la mitología griega. Las brujas con frecuencia miran fijamente dentro de las telas de araña, las cuales son objeto de contemplación y meditación. Algunos magos las usan como bolas de cristal para adivinar el futuro.

Sapo

Los sapos fueron antaño, más populares como animales de compañía que los perros y los gatos. Se decía que aumentaban la inteligencia y protegían el hogar en que vivían. Regidos por Saturno, los sapos son sensibles y reaccionan ante los fantasmas y la energía psíquica.

Algunos sapos segregan en su piel una sustancia venenosa. Se ha demostrado que contiene alucinógenos, pero no causa verrugas.

Los sapos deben mantenerse fuera de la casa. No se recomienda tener un sapo en el sótano o en cualquier lugar del interior de la casa.

Tortuga

La tortuga, regida por Venus, es símbolo de longevidad y fertilidad, especialmente para las mujeres. También se dice que asegura la salud. Las tortugas son unas criaturas tan extrañas que los magos las han tenido como mascotas a través de los años. Si quiere que le cambie la suerte de mala a buena, simplemente palmotee el caparazón de una tortuga.

Cuando haya una niebla espesa, se puede sacar a la tortuga del agua y ponerla en el suelo para que se aclare el tiempo.

Las tortugas traerán buena suerte a la casa.

De acuerdo con una antigua tradición, un número impar de animales de compañía en el hogar es favorable, mientras que un número par no lo es. Recuerde esto cuando decida quién será el próximo animal que vendrá a vivir con usted.

10   El Jardín Místico

Para aquellos de nosotros que tenemos la suerte de tener un terreno adosado a nuestros hogares, un jardín místico es un excelente añadido a nuestro hogar mágico. Un jardín nos proporciona belleza y nos asegura un permanente abastecimiento de hierbas secas y frescas. También esparce un aura de protección alrededor de la casa, escudándola del mundo exterior. Cuando la gente se aproxima, incluso antes que hayan pisado el umbral, habrán sido hechizados por los sutiles poderes del jardín.

No todo el mundo tiene espacio para plantar un jardín, pero incluso los ocupantes de apartamentos pueden plantar flores y plantas en las ventanas y porches en tiestos y maceteros. En realidad se puede tener un jardín dentro de la casa con plantas de interior (ver capítulo 8).

De todas maneras, merece la pena tener un jardín exterior si usted tiene espacio, tiempo y tendencia. En realidad, es un lugar ideal para realizar magia. Los conjuros hechos en los jardines son más efectivos que los que se hacen en el interior, ya que las fuerzas de la Naturaleza residentes en las plantas que nos rodean y la sólida tierra debajo de nuestros pies desnudos se alían con nuestros propios poderes para producir los resultados necesarios.

Herbalismo Mágico describe un método para crear un jardín mágico. Hay muchos más, en realidad usted debería dejar correr su imaginación al crear su místico rincón verde.

Un místico jardín no necesita anunciar sus poderes. Puede ser su secreto con la Tierra. Lo mismo que nadie lo piensa dos veces para plantar en el jardín árboles frutales o plantas, ¿por qué no poner plantas que proporcionen riqueza, protección y amor a su hogar?

Su jardín puede ser una fuente de ayuda en el desarrollo de sus mágicas intenciones personales. Si desea incrementar sus poderes psíquicos, por ejemplo, plante un *laurel, apio común, caléndulas, rosas* o *tomillo.* Al florecer en el jardín las plantas ayudarán a su hogar a ponerse a tono con las vibraciones psíquicas. Además, sus flores, hojas y semillas se pueden usar en los ritos mágicos para acentuar sus efectos.

Aquellos que deseen un hogar lleno de amor pueden incluir algunas plantas y flores tan comunes como la *gardenia, vellorita, menta, tomate, pensamientos, jazmín* y (si no tiene problema de espacio) unos pocos árboles como *cerezo, manzano, naranjo, arce* y *sauce.*

Para asegurar la felicidad en el hogar puede llenar una jardinera o una fila de macetas con *jacinto, lavanda, mejorana* y *gloria de la mañana.* (Cuidado, crece por todas partes).

Si lo que es un problema es el dinero, puede escoger entre *menta, cebolla, cola de dragón, camelia, camomila, trébol, eneldo, albahaca* y tal vez una pequeña sección con *trigo. Pinos, robles, fresnos* y *manzanos* plantados cerca de la casa, lo mismo que una *platanera,* le proporcionarán prosperidad.

Para librar a su hogar de los ladrones plante un seto de ti (ki) alrededor de su perímetro, o asegúrese de incluir *ajo, comino, vetiver, cardos salvajes, álamo blanco, cacto* o un *enebro.*

El *bambú* y la *hortensia* cerca del hogar le darán buena suerte, como lo hace el *girasol,* que se considera indispensable en cualquier jardín en Méjico. Los tiestos de las ventanas plantados con *mirto* por una mujer dan también mucha suerte. Un *laurel* o una *palmera* en el jardín protegen en contra las inclemencias del tiempo.

Cuando todo esté creciendo con verdor, nadie podrá adivinar los poderes de su jardín, aunque cada planta sea un conjuro en sí misma.

Escoger sus flores, árboles, hierbas y vegetales teniendo presentes sus poderes le dará una nueva dimensión a la jardinería, que verdaderamente es una parte de la existencia mágica.

Muchos jardineros mágicos colocan un altar en sus jardines en los cuales queman incienso en honor a las antiguas deidades florales: Pomona, Fauno, Baco, Priapo, Demeter, Pan, Tamuz, Dionisio, Isis, Adonis y Emkimdu. Estos y otros dioses o diosas están íntimamente conectados con la Tierra, la vegetación y la horticultura, y pueden invocarse para vigilar el jardín y darle fecundidad.

Un altar de jardín puede componerse de una estatua (u otra imagen de una divinidad particular), una composición o ninguna figura en absoluto. Una pequeña piedra rectangular sin pulir puede colocarse en el suelo colocada de pie y una roca redonda y plana delante de ella como altar para las ofrendas. Puñados de grano, piedras preciosas o semipreciosas, dinero, leche, agua o vino se pueden colocar en esta piedra en honor a los dioses antiguos de la Naturaleza. Los altares de jardín a Baco no eran nada más que viejos troncos colocados en su honor.

Si estas dos rocas se colocan en un lugar discreto, llamarán poco la atención y parecerán parte del propio jardín (y en realidad lo son). Si cree que incluso este sencillo altar no va con usted, simplemente piense en la totalidad de su jardín como un lugar de homenaje a las divinidades florales.

Se puede quemar incienso en el jardín a intervalos regulares. Los palitos de incienso van perfectamente y pueden clavarse con facilidad en la tierra.

Puede quemar incienso cuando haga una nueva adición a su jardín. Por ejemplo, Dave quemó incienso la noche que plantó sus primeros rosales. Por la noche, bajo la Luna, mida con sus pasos el perímetro de su jardín tres veces, sosteniendo incienso humeante, visualizando su jardín sano y florido. De nuevo, use su imaginación.

También se pueden colocar en el jardín pequeñas imágenes de animales; ciervos, patos y de los que sean fáciles de conseguir. Cada animal está asociado con antiguas deidades y rituales que bendicirán y protegerán el jardín.

Si desea poner una estatua u otra imagen en su jardín, pero no le apetece honrar a antiguos dioses, puede colocar un "guardián del jardín" para protegerlo de la negatividad.

Coja una imagen, estatua o piedra y, de pie en su jardín, levante la estatua ceremoniosamente hacia las cuatro direcciones. Empiece en el Este y desplácese hacia el Sur y al Oeste para terminar hacia el Norte.

Seguidamente, vierta vino o sidra sobre la piedra para fortalecerla con vida. Cárguela con sus poderes de visualización para proteger mágicamente el jardín, la casa y a todos los que vivan dentro de ella. Coloque al guardián en un punto céntrico de su jardín.

Hay otros conjuros para proteger su jardín. El más sencillo consiste en trazar el siguiente signo en la tierra con su dedo o con la hoja de un cuchillo mágico. (Si no tiene un cuchillo mágico, no importa, ya que su dedo es la original hoja de cuchillo mágica.)

Dibujando este símbolo alía al jardín con sus intenciones y con su hogar, le protege de las energías negativas e incluso de las acciones de las hadas malas. Repita este sencillo ritual cada tres semanas más o menos.

Otro método consiste en marcar el signo siguiente en la valla del jardín o en el sendero con yeso o tiza:

Para proteger a los árboles, entierre herraduras debajo de sus raíces. Las plantas se pueden proteger dibujando círculos en la tierra a su alrededor, o atándoles suvemente trozos de tela brillantemente coloreada a sus tallos. Una de las más efectivas maneras de proteger su jardín es construirlo como una especie de laberinto en el que los setos y veredas formen interminables e intercomunicados espacios. Estos jardines protegen a su vez a las plantas y al hogar adyacente.

Algunas personas colocan una enorme bola de bruja o bola de cristal en el jardín. La bola de vidrio es una esfera de cristal plateada en su interior y normalmente colocada en una plataforma. No solamente refleja lo malo y absorbe los poderes del Sol, la Luna y las estrellas, sino que también es bonita; el jardín entero y el cielo se reflejan en su superficie.

Si lo desea, siéntese un día tranquilo en el jardín, mirando fijamente la bola de la bruja con los ojos medio cerrados. Relájese y mire dentro de la esfera; deje que su mente consciente se adormezca y deje paso a un chispazo del futuro.

Si tiene un pozo antiguo o un riachuelo en su jardín, le añadirá sus propios poderes, ya que los pozos se han considerado siempre símbolos del poder femenino de la Naturaleza. Como el agua está íntimamente conectada con la riqueza y el dinero, un pozo traerá prosperidad al hogar, y por supuesto se puede usar para peticiones mágicas.

También tal vez desee hacer una rueda de la fortuna de bruja. Dé nueve pasos desde el pozo y coloque una vieja rueda de madera. Permita que crezca sobre y a través de ella gloria de la mañana. Esto preservará su prosperidad y asegurará que todos los que viven en su hogar y en su jardín lo hagan en armonía.

Un estanque en forma de media luna le proporcionará prosperidad y amor, y es bastante popular en China y Oriente.

En jardinería, los insectos son siempre un problema. Aunque hay centenares de pesticidas en el mercado, cada vez más granjeros y jardineros están volviendo a los métodos orgánicos, evitando el uso de los arriesgados métodos químicos que envenenan nuestro entorno.

Antiguamente, antes de la proliferación de los insecticidas, los jardineros y granjeros tenían otros métodos para librarse de estos no deseados visitantes del jardín.

Uno de los más antiguos, que viene de la clásica Grecia, consiste en escribir una pequeña nota a la plaga en cuestión (babosas, caracoles, ofidios, ratones, etc.). El mensaje se escribirá educadamente y se rogará a las ofensivas criaturas que abandonen el jardín rápidamente y para siempre. La nota contendrá una advertencia de que si no se van se utilizará un veneno. La nota se engrasará debidamente y se dejará en una piedra sin labrar en el jardín al anochecer. Las criaturas, en teoría, leerán el mensaje, lo comerán y se marcharán para no volver más. (No podemos garantizar la efectividad de este remedio.)

Sería más práctico comprar en un vivero mariquitas o amantis religiosas y soltarlas en el jardín, ellas le librarán de todos aquellos bichos comedores de plantas. La mariquita estaba consagrada a la diosa noruega del amor, Freya. Ver una trae suerte, y matarla intencionadamente todo lo contrario.

La magia, la posición de las estrellas y las fases de la Luna desde hace mucho han regido la práctica jardinera. Las malas hierbas deben arrancarse en Luna menguante, antes del solsticio de verano para una más efectiva erradicación. Pero recuerde, las malas hierbas pueden ser buenas amigas, son sólo hierbas con nombres diferentes.

Trasplantar tiene sus propias reglas. Un árbol se puede trasplantar en cualquier época del año, durante la Luna creciente, siempre que lo riegue todos los días, exactamente a las doce del día, y continúe haciéndolo fielmente hasta las primeras lluvias.

De acuerdo con antiguas instrucciones, los árboles trasplantados se deben colocar en una posición relativa a su primitiva posición por ejemplo, el lado este del árbol debería estar al este también en su nuevo hogar.

Si planta césped, córtelo durante las fases primera y segunda de la Luna para que crezca exuberante, y durante la Luna menguante para que no crezca mucho.

Hay algunos conjuros peculiares para el jardín. Para impedir que los fantasmas vaguen por su rincón verde, hierva raíces de peral espinoso en agua pesada y riéguelo con esta mezcla. Si no tiene agua pesada, lilas plantadas en el jardín cumplirán la misma función.

Si tiene un fresno cerca de casa, puede intentar el rito siguiente: un domingo al amanecer cuelgue del árbol una corona de flores, y toda la familia se verá libre de mordedura de serpiente durante todo el año.

La mayoría de las plantas, especialmente las cosechadas para la alimentación, están empapadas de rituales mágicos, muchos de éstos son de naturaleza astrológica. Las habas, por ejemplo, deben plantearse durante la Luna llena, o pocos días después. La col debe ser lo primero que se plante en el jardín de unos recién casados, porque esto asegura buena suerte en su jardín y en su relación.

Las semillas del pepino es mejor plantarlas en la primera fase de la Luna, en la Luna nueva, cuando ésta está en Cáncer, Escorpión o Piscis. Se decía que para dar mejores resultados deberían de ser plantadas por un hombre joven desnudo. Para proteger de los insectos, la planta del pepino, plántela el 1 de mayo (la antigua fiesta pagana de Beltane) antes de que el Sol esté alto.

Si se considera inteligente, no intente plantar calabazas. De acuerdo con una antigua tradición se necesita ser un poco torpe para conseguir buenas calabazas.

Las lechugas, se dan bien tanto al inteligente como al torpe si se planta el día de San Patricio. Por otra parte demasiadas lechugas en un jardín pueden causar esterilidad.

Las cebollas se plantan durante la Luna menguante, ya que éstas crecen dentro de la tierra. Para doblar la cosecha de cebollas plántelas con la parte de arriba hacia abajo, usando el dedo gordo.

Las patatas plantadas durante la tercera fase lunar también se enriquecen con una cosecha mágica; cuando se recolecten toda la familia deberá probarlas, si no se pudrirán. Por otra parte, las patatas nunca deberán plantarse con las cebollas pues esto "hará que sus ojos lloren".

En los tiempos pasados, se dejaba una parte del jardín salvaje, sin cultivar. El resto de la tierra podía cultivarse diariamente, pero no este trozo. Este rincón sagrado "se dejaba como ofrenda a las fuerzas invisibles", ya que en aquellos días todo el mundo conocía espíritus y divinidades olvidados hoy día. Tal vez se debería revivir esta costumbre para acordarnos de los poderes de la Naturaleza. Seguramente unos pocos pies de tierra llenos de hierbas (llamadas malas por los no ilustrados) no harán daño a nadie y es un gentil recordatorio de que el mayor cultivador es la Naturaleza.

11 El Garaje

El garaje es el aposento más abandonado de la casa, cuando se piensa en él es normalmente en términos prácticos —un lugar para guarecer al coche de la lluvia, almacenar herramientas, colocar el congelador.

Tanto el garaje como los coches que estacionamos en él pueden ser mundanos pero, ¿sabes qué? La magia yace dentro de ellos.

Después de todo, el coche es uno de los últimos vehículos inventados para trasladarnos alrededor del mundo. No está muy lejos del caballo y la calesa, carro de bueyes o carroza. En cierto sentido el coche es un hogar portátil "que llevamos con nosotros" cuando dejamos nuestra residencia detrás.

El garaje es el domicilio del coche. Lo guarda y lo protege lo mismo que la casa hace con nosotros. Además de esto, puede ser una de las más mágicas habitaciones de la casa: un templo, un taller oculto o una mágica habitación para meditar.

En los primeros tiempos, los caballos realizaban mucho del trabajo que los coches hacen hoy. Se usaban toda clase de encantamientos y conjuros para proteger a la vez a la bestia y al carro al que frecuentemente iba enganchada. Se colgaban cascabeles alrededor del cuello del animal para asustar a los malos espíritus; se le añadían brillantes bronces para reflejar el mal de ojo y con esto proteger al animal de la muerte; las colas y melenas se trenzaban algunas veces con cinta roja, para guardar mejor al caballo.

Los carros se protegían de forma similar. Colores brillantes y símbolos como ojos o Lunas crecientes protegían al carro de la adversidad. Hasta el siglo pasado, todos los carros de Nápoles tenían uno o más amuletos —normalmente cuernos o plumas— colgando de él. Los carros de los gitanos (los cuales todavía existen hoy, aunque están rápidamente disminuyendo) son un primitivo ejemplo de vehículo mágicamente protegido de ayer que ha conservado su oculto significado y poder.

Mucho de esto era en el pasado, antes del advenimiento del automóvil. Con él y con el avión se ha inventado un eficiente medio de transporte que hace que podamos ver un mundo más amplio.

¿Pero han muerto estas prácticas? ¿O más bien tiene el ser humano necesidad de ellas?

Nos encanta pensar que somos racionales, materialistas seres humanos, pero la civilización nos ha pintado una ligera capa sobre nuestras primitivas emociones y sentimientos. Pongámonos en una en potencia amenazadora situación para nuestra vida —conducir un coche por ejemplo— y perdemos algo de nuestra sofisticación.

Mire en cualquier estacionamiento. Verá símbolos religiosos o figurillas en muchos coches. Estas son llamadas a los poderes más altos para que bendigan y protejan al coche.

Frecuentemente, después de una boda se atan latas a la parte de atrás del coche de los novios. ¿Cuál es el propósito? Cuando el coche arranca, el sonido de las latas mágicamente exorciza la negatividad que pudiera atraer la feliz pareja y causar un accidente en su coche de bodas.

Hoy en día el automóvil es un objeto cargado de superstición. Lavar un coche inevitablemente atrae a la lluvia; esto se ha "comprobado" con bastante frecuencia. Un conductor que se vanaglorie de no haber tenido nunca un accidente puede verse muy pronto con el parachoques doblado por atreverse a tentar a la suerte y a los dioses de arriba. Algunos coches parecen tener la negra y nunca funcionan bien. Algún conductor que ha tenido buena suerte con una particular marca o modelo, probablemente siempre comprará el mismo. Muchos propietarios les ponen nombre a sus coches, les hablan, ven sus especiales personalidades. Para muchos, el coche es más que un vehículo o medio de transporte, es un ser vivo.

Hay muchos propietarios entre nosotros que conducen, comen, duermen, discuten, se maquillan y algunas veces incluso viven en sus coches. En tales ocasiones el coche realmente se convierte en un hogar, y está sujeto a la magia del hogar.

Ya que el automóvil hoy en día está tan firmemente establecido en el mundo mágico, como el caballo y el carro hace cien años, parece sensato utilizar la magia para que nuestros coches funcione correctamente y para protegerlos de los accidentes y del robo . Pensando acerca de esto en términos puramente psicológicos, si esto nos ayuda a conducir con mayor seguridad, esto funciona.

Para bendecir y proteger al coche, empiece primero con lo físico: límpielo desde las ruedas al techo, por dentro y por fuera. A la última agua del aclarado añádale una infusión de hierbas protectoras —tales como laurel, romero o eneldo— para derramar sus vibraciones por todo el coche. (Para hacer la infusión ponga una cucharada sopera de hierba en una taza de agua hirviendo. Déjela reposar durante diez minutos, cuélela y úsela.) Si tiene lavado por medios profesionales ponga la infusión en un frasco con pulverizador, mezclada con agua, pulverice el coche y déjelo secar.

Seguidamente realice un ritual para proteger al coche, como el siguiente (este conjuro se puede hacer tanto dentro del garaje como fuera, en un lugar donde no le vean).

Reúna lo siguiente: cuatro velas blancas o linternas, una brújula, sal y aceite de resina o de geranio rosa. Después de estacionar su vehículo con el morro hacia el Este, encienda una vela o linterna y colóquela aproximadamente a medio metro del radiador en el suelo. Cuando coloque la vela imagínese a sí mismo tejiendo una red de energía protectora —como una tela de araña— alrededor del coche. Imagínela de color púrpura, azul o blanca.

Cuando encienda la segunda vela, camine hacia el Sur. Debe tener la puerta del pasajero a su lado. Coloque la vela en el suelo, todavía visualizando la tela de luz. Continúe hacia el Oeste

y al Norte hasta que estén las cuatro velas brillando alrededor del choche y de usted.

Una vez que haya hecho esto, eche sal sobre el morro y el techo del coche y una poca en el suelo de su interior. Unte las ventanas, puertas y ruedas con el aceite de resina o de geranio rosa (o alguna otra esencia protectora) y métase dentro del coche. Deje que las velas se quemen durante unos minutos mientras usted se relaja dentro del coche, sintiendo cómo las energías protectoras penetran dentro. Está hecho.

Así como los carros se pintaban de colorines en el pasado, también los coches se colorean de forma similar. Los colores son poderes y energías que están en lo más profundo de millares de conjuros; por otra parte, el color de su coche es mágicamente potente. Puede ser una poderosa influencia tanto sobre su coche como sobre usted.

Los coches chillones destacan más rápidamente en la calle; en el pensamiento mágico, esto podía atraer miradas celosas o incluso violentas contra el propio vehículo. La policía parece que para e incluso multa más fácilmente a un llamativo coche deportivo de color rojo, si es que lo pueden alcanzar.

Para algo tan importante como un coche, no escoja un color que no le guste. Si quiere un coche amarillo, píntelo así. Si le gusta a usted, no le tiene por qué gustar a nadie más.

Pegatinas y otras decoraciones son bastante populares hoy en día. Algunos camiones son auténticos murales ejecutados en un lado, frecuentemente con temas mitológicos (magos, dragones, unicornios, etc.). Llamas y calaveras, ojos y otros símbolos se ven cabalgando en las defensas o brillando en los capós y puertas. Tales pinturas son más que arte; son la expresión de la personalidad de su propietario y sirven para afirmar su propiedad sobre el vehículo. Ciertamente tales símbolos como las llamas, líneas entrecruzadas y las calaveras protegen al vehículo tanto si su propietario es consciente de ello o no.

Todavía se usan hoy en día unos conjuros muy populares para el automóvil. Para hacer un conjuro que proteja externamente al automóvil, coja aproximadamente una cucharada de romero, eneldo o albahaca. Coloque esta mezcla en una bolsa pequeña en uno de los tapacubos. El movimiento de la rueda cargará constantemente de energía al saquito y protegerá al coche.

Para dentro del coche hay cantidad de amuletos protectores que puede utilizar. Tales objetos cargados con la intención de proteger al coche de los accidentes, mantenerlo en buenas condiciones y evitar el robo, son muy diversos. Se pueden colgar del espejo retrovisor, colocar en la bandeja, meterlos en la guantera o debajo del asiento.

Use los conjuros protectores con los que se sienta cómodo. Imágenes religiosas, ya mencionadas anteriormente, son populares, pero no tiene por qué limitarse a ellas.

Los cristales de cuarzo son unos estupendos intrumentos mágicos, ideales para usar en los coches. Consiga un cristal pequeño de cuarzo. Cuando ya esté sentado en su coche aparcado, sosténgalo en una mano. Intensamente visualice a su coche y a todo lo que está dentro de él libre de peligro. Vea a su coche bañado con una luz mágica y protectora, tal vez blanca, púrpura o azul eléctrico. Visualícelo en un perfecto funcionamiento. Cuando haya saturado completamente el cristal, colóquelo en algún lugar seguro del coche. Tal vez desee confeccionar una pequeña bolsa de paño para guardarlo, o puede simplemente colocarlo en la guantera o colgarlo del espejo retrovisor. Mucha gente lleva cristales de cuarzo como amuletos o como joyas. ¿Por qué no tener uno para su coche? Tal vez quiera probar el conjuro del dinosaurio. Compre o haga una imagen pequeña de una feroz y aterradora criatura. Puede comprar un esteosaurus en una juguetería o hacer uno con madera y pintarlo.

Una vez hecho u obtenido colóquelo en el tablero del coche, visualizándolo como una cosa viva, que respira. Déle vida a través de su visualización. Envíele energía y guardará su coche.

Un vívido verde dinosaurio, con una cabeza roja, ahora desteñida por el Sol, cabalga en el tablero de Scott. Su agresiva boca, con dientes cuidadosamente moldeados, señala hacia el tráfico con un interminable gesto protector.

Un diente de ajo colocado en algún lugar del coche le protege, lo mismo que una bolsa con sal, pero al menos que sea un fanático del oloroso bulbo, no le recomiendo que lo lleve en el coche. Cualquier objeto de color rojo, tradicionalmente efectivo, puede usarse en su lugar.

Los saquitos son otra alternativa. Hay mezclas especialmente etiquetadas para ser usadas en el coche. Los saquitos son muy fáciles de hacer y pueden ayudar a su choche a pasar a través de puntos difíciles. Mezcle:

Consuelda (para protección durante el viaje)
Aicaravea (para proteger contra el robo)
Romero (para proteger contra el robo)
Fresno (para proteger contra los accidentes)
Artemisa (para proteger durante los viajes)

Mójelo con unas pocas gotas de uno de los siguientes aceites:

Aceite de resina
Aceite de geranio rosa
Gel de aloe

Mézclelo y colóquelo en un paño rojo cuadrado. Atelo con un cordón rojo o blanco de manera que las hierbas queden dentro y colóquelo en su coche. Apriételo durante unos días para infundirle energía. Reemplace el saquito cuando la esencia se haya ido.

Dos clases de plantas se cuelgan separadamente del espejo retrovisor con propósitos específicos. El ajenjo protege al coche en las carreteras peligrosas, mientras que el plátano lo hace contra las energías negativas que pueden fluir en las calles.

Un encantador amuleto italiano: coja sal, un trozo de palmera, una pequeña bocina dorada y un par de tijeras pequeñas o un cuchillo pequeño. Colóquelo todo en un paño blanco, ate los finales con un cordón rojo y colóquelo en la guantera como protección.

Para aumentar su propia seguridad y la de los pasajeros del coche, unte con algún aceite protector los cinturones de seguridad y utilícelos.

Tal vez desee incensar su coche a intervalos regulares. Quemar incienso dentro del coche puede sonar extraño pero es bastante lógico. Mejora el olor de su coche y lo limpia de la negatividad. Por razones de seguridad, queme los conos de incienso en el cenicero. Piense que el cenicero es un incensario. Coja una esencia que le guste (resina, sándalo y mirra son siempre buenas elecciones) y quémelas con las ventanas bajadas mientras esté bien estacionado en el garaje o en la calle, o mientras conduce por la calle.

Unas pocas reglas mágicas relacionadas con la conducción siguen vigentes hoy en día. Una de las más comunes es que es extremadamente peligroso conducir en medio de una espesa niebla y en medio de una tormenta de viento. No sólo es malo para su filtro de aire o para la pintura, sino que también atraerá el caos y la confusión a su vida.

Un conjuro para conducir que sirve para todo: el día anterior de la salida en coche para un trayecto largo, coja un mapa con el área por la que vaya a viajar, tres velas blancas, cordón blanco, lápiz rojo y tinta blanca. En una mesa o alguna otra superficie plana de su garaje (si tiene uno), marque su itinerario en el mapa. (Asegúrese que es el que puede seguir desde su casa.) Encierre la distancia completa que va a seguir en círculos protectores con la tinta roja y blanca.

Seguidamente, dibuje símbolos de protección (como estrellas) y dé vida en el mapa y coloque tres velas blancas alrededor de él, formando un triángulo dirigiendo totalmente su ruta. Deje que las velas ardan durante unos minutos mientras se visualiza a sí mismo y a sus acompañantes (si los tiene) haciendo el viaje con total seguridad.

Finalmente apague las velas, enrolle el mapa y átelo firmemente con un cordón blanco. Colóquelo en un sitio donde no sea encontrado hasta que regrese a casa. Entonces, deslice el cordón sin desatarlo y disponga de él y del mapa.

El garaje —la morada del coche— es una parte importante de la casa mágica. En el pasado, los vehículos se guardaban en el exterior en cobertizos o cabañas, o incluso dentro de la casa con el ganado, las gallinas y otros animales.

Hoy en día, el garaje es mucho más que una habitación llena de manchas de grasa, de herramientas, que se usa para secar la ropa. Necesita ser progido y formar parte del fluido del resto de la casa, si quiere que su hogar marche suavemente.

Si el garaje no se usa para guardar ningún coche, puede ser transformado en un lugar dedicado solamente o preferentemente a la magia. Más de un conjuro se ha echado en la estantería de un garaje. Se han grabado signos mágicos, se han modelado imágenes y se han mezclado hierbas delante de los martillos, clavos y sierras.

Ponga su imaginación a trabajar. Un altar o una mesa para hacer conjuros mágicos se puede poner en el garaje, los suministros guardados en los armarios, cualquier clase de magia se puede realizar dentro de él. Algunos guardan sus libros ocultos dentro del garaje si no les resulta cómodo tenerlos en casa. ¿Qué podrían decir los vecinos?

Para mayor comodidad, debe de estar permanentemente cerrada y a prueba de agua. Se puede instalar una estufa pequeña.Se pueden poner en el suelo alfombras con mágicos dibujos y cortinas de colores agradables pueden colgar de las ventanas para estar a salvo de los curiosos.

Se puede colocar un altar permanente o temporal consistente en un estante o una mesa despejados. Imágenes sagradas o símbolos, velas, un incensario y sus otros instrumentos mágicos se pueden colocar para su utilización.

Dentro de su garaje, con incienso encendido, velas alumbrando y una mágica música de flauta saliendo del escondido tocadiscos, usted puede hacer conjuros o componer mezclas para ser usadas en su hogar mágico.

Si el garaje es seco, cálido y bien ventilado, es un sitio ideal para secar hierbas para ser usadas en magia. Cuélguelas de los altillos y deje que se sequen naturalmente.

Incluso aquellos que no les interese convertir su garaje en un templo mágico deberían purificarlo, lo mismo que el resto de la casa, a intervalos regulares. (Ver capítulo 14.) Además la mayoría de los remedios protectores mencionados en este libro se pueden colocar dentro de él para protegerlo de la presencia de gente no deseada, como los ladrones.

Lleve un incensario humeante de vez en cuando al garaje para limpiar y coordinar sus energías con las del resto de la casa.

Una *botella de bruja* para el *garaje*: meta en un tarro con una tapa segura clavos oxidados, tornillos, puntas, grapas, argollas, trozos de alambre y toda clase de quincalla que haya tirada por el garaje.

Barra bien el suelo. A continuación esparza unos puñados de sal por el suelo, bárrala y añádala al tarro.

Cierre bien la tapa de la botella y mire alrededor del garaje para encontrar un sitio ideal para ponerla. Mientras lo hace cante las siguientes o similares palabras:

Negatividad
¡Extínguete!
Negatividad
¡Extínguete!
Negatividad
¡Extínguete!

Cuando haya encontrado el lugar correcto para poner la botella, colóquela y queme incienso para sellar el conjuro.

12   Protección

Para ser verdaderamente un lugar de vida mágica, la casa debe estar a salvo de visitas no deseadas, tanto físicas como no físicas. En el pasado se resguardaban de la misma manera tanto de los ladrones como de los malos espíritus, pues aunque "los enemigos" eran distintos, recibían un trato similar. A través de los siglos, hemos santificado ciertos objetos, gestos, símbolos o signos para actuar como barrera contra todo lo que pudiese dañarnos.

El hogar debería ser un lugar de refugio, seguridad y bienestar. Es de la mayor importancia conservar estas cualidades. Aunque las alarmas y puertas de seguridad cumplen su función, en el interior de nosotros mismos sentimos la necesidad de amuletos mágicos confeccionados a la luz de la Luna con palabras de poder. Estos amuletos colocados en el interior o en el exterior de la casa, nos protegen de los fantasmas, demonios, brujos, maldiciones y otras criaturas de los abismos, lo mismo que de los ladrones y vendedores ambulantes.

Hay muchos conjuros y amuletos que puede usar para proteger su casa. Escoja aquellos que armonicen con su sentido del misterio y despierten su imaginación. Estos serán los más efectivos.

Los amuletos son objetos que repelen las negativas (malas) influencias. Pueden ser usados, llevados, colgados de los techos, escondidos entre las paredes, apoyados en los muebles o deslizados detrás de las fotos familiares. Los amuletos caseros protegen la casa echando afuera las energías dañinas, asegurando con ello una atmósfera tranquila en su interior.

De acuerdo con la tradición, es mejor tener al menos tres amuletos en la casa. Pueden ser idénticos o diferentes. A no ser que se haya especificado, colóquelos en lugares prominentes: cerca del altar de la casa (vea capítulo 19), en o cerca de las puertas y ventanas, o cerca de la chimenea.

Piedras con agujeros naturales se pueden encontrar en las playas y senos de los ríos de todo el mundo. Son unos excelentes protectores para la casa, y se pueden colgar individualmente de cordones por la casa, o poner varias juntas formando collar y colgarlo detrás de la puerta principal.

En una playa cerca de San Diego, adonde vamos con frecuencia, las olas arrastran piedras agujereadas en gran número y variedad. Por ser estas piedras unos excelentes protectores, trate de encontrar una.

Las Agatas y las piedras minerales son poderosos amuletos para la casa. Cuanto más grande sea la piedra mayores serán sus efectos. Las piedras minerales (imanes naturales) se han usado siempre en magia, estableciendo campos de energía que han impedido el paso a las vibraciones negativas. Las ágatas dan buena suerte al hogar, lo mismo que una pieza tallada de turquesa.

Un amuleto de piedra puede consistir en una o más de este tipo de piedras colocadas en una bolsa blanca y atada con un cordón. Para un mejor resultado mezcle las piedras.

Los fósiles, debido a su antigüedad y enigmática apariencia, han sido muy utilizados para proteger el hogar. Generalmente colocados en el alféizar de las ventanas o en las chimeneas, o colgados de las vigas, los fósiles traen buena suerte y protegen contra los efectos del mal tiempo, de acuerdo con una antigua tradición mágica. Elija fósiles que le resulten atractivos, los que llevan estrellas marcadas resultan doblemente bien.

Otro menos antiguo amuleto para la casa es la bola de la Bruja,una esfera de cristal, plateada en su interior. Se llama así porque gente mal informada la usaba para alejar a las ''brujas''. Las bolas de la Bruja todavía se fabrican pero es difícil encontrarlas. Si puede encontrar una, cuélguela o colóquela en la casa, tal vez delante de una ventana. Su brillante superficie reflejará el mal y la negatividad y protegerá su hogar.

Algunas bolas de Bruja se hacen de cristal transparente no plateado, otras reflejan un haz de diferentes colores. Para proteger contra el mal, estas bolas frecuentemente se llenan con trocitos de cordón, semillas de eneldo o alfileres.

Las esferas de cristal de color que usaban los pescadores para tener a flote sus redes, son altamente protectoras si se colocan en el hogar o se cuelgan en redes en el exterior. Aunque estos flotadores se fabrican hoy en día con propósitos decorativos, los más efectivos son los que se encuentran en las playas, ya que éstas están o han estado en el océano, una fuente de energía sin límite.

A continuación tres amuletos protectores:

El zapato

Coja un zapato viejo, preferiblemente de piel, llénelo con objetos protectores, como alfileres, agujas, clavos, tijeras y trozos de cristal. Añádale hierbas protectoras —como romero, albahaca, helecho, laurel o muérdago— hasta llenar el zapato. Cuélguelo en el desván o en el sótano, diciendo estas o similares palabras:

Coloco este amuleto de poder
para proteger mi casa de ahora en adelante.

La botella

Consiga una botella grande y llénela con pequeños trozos de hilos de diferentes colores (excepto negros). Esto le llevará probablemente varias semanas, pues sólo deben de ser usados trozos pequeños de hilo y cada uno debe meterse en la botella por separado.

A cada trozo que añada diga algo similar a lo siguiente:

¡Confunde al mal!
¡Confunde al mal!
¡Confunde al mal!

Cuando la botella esté llena, ciérrela y colóquela en una ventana, en el desván o dentro de un armario.

La Botella de la Bruja

Reúna romero, agujas y alfileres. Llene una jarra pequeña con estos tres ingredientes, diciendo lo siguiente mientras lo está haciendo:

Alfileres, agujas, romero, vino
Que estáis dentro de esta Botella de Bruja
Protegerme del mal y de los enemigos;
Esta es mi voluntad, por lo tanto en polvo se convertirán

Visualice a las hierbas haciendo justamente eso. Cuando la jarra esté llena, vierta en ella vino tinto. A continuación cierre bien la jarra y póngale alrededor del cierre cera derretida de una vela roja o negra. Entierre la jarra en el rincón más alejado de su propiedad o escóndala en algún lugar de su casa. La botella de la Bruja destruye toda la negatividad y todo mal: los alfileres y agujas empalan al mal, el vino le ahoga, y el romero le hecha fuera de sus propiedades.

Los saquitos de protección son otra forma de utilizar las hierbas para proteger la casa. Los saquitos son mezclas de hierbas y flores que se atan en un trapo y se cuelgan o se colocan ara que desprendan las energías y esencias de las plantas para desarrollar su magia.

Tres de estos básicos saquitos de protección del hogar se pueden hacer siguiendo las siguientes instrucciones:

Saquito de protección para todo

Romero
Albahaca
Eneldo

Coloque estas tres hierbas secas en un trozo de tela roja o blanca. Atelo con cordón rojo y cuélguelo sobre la puerta principal (o tan cerca de ella como sea posible), diciendo palabras protectoras y visualizando.

Saquito antirrobo
  Aicaravea
  Romero
  Enebro
  Saúco (o muérdago)

Coloque estos ingredientes en un trozo de tela blanca, átelo con un cordón blanco y cuélguelo en un lugar prominente de la casa, visualizando cómo el saquito impide el paso a los ladrones.

Saquito de protección contra el mal tiempo
  Cedro
  Muérdago
  Laurel

Colóquelos en un trozo de tela blanca, átelos juntos con un cordón blanco y cuelgue el atado del lugar más alto de la casa o en la chimenea.

Si desea colocar algunos protectores del hogar en el exterior hay muchos que usted puede usar. Uno de los más pintorescos consiste en poner una imagen de barro de un león o de un gato en el tejado, situado en donde pueda ser fácilmente visto desde la calle.

Recuerde: Mientras realice cualquier acto mágico, debe usar sus poderes de concentración y de visualización para reforzar sus esfuerzos físicos. Un león de barro, sobre su tejado, no será por sí mismo efectivo, pero si usted lo ha visualizado con protectora energía de color púrpura saliendo de sus ojos —la cual puede ver usted con su mágica imaginación, moviéndose, levantando sus patas y vigilando su propiedad— tendrá una potencia mágica.

Un encantamiento similar: Consiga la estatua de un león, grifo o dragón y colóquela en el porche de entrada o en las escaleras que conducen a él. Estas criaturas son extremadamente protectoras y han sido usadas durante centurias. Hoy en día muchas bibliotecas y otros edificios públicos continúan con esta práctica, desconociendo sus mágicos orígenes.

Si puede conseguir pequeños trozos de bambú, a la luz del Sol, a mediodía, grabe en ellos símbolos protectores (pentagramas, corazones, cruces), y clávelos en la tierra alrededor de su casa. Haga esto con "poder", por supuesto, visualizando cuando plante los palos, que está creando una cortina protectora alrededor de su casa.

Un espejo cóncavo colgado en la parte exterior de la casa, reflejará todo el mal que pueda venir de la casa de enfrente. También es efectivo colocar pequeños espejos en la parte exterior de las ventanas.

Echar arroz en su tejado anulará cualquier fuerza maligna que haya sido enviada a su casa, pero puede también atraer a los bichos. Si esto es un problema, pruebe a sustituir el arroz por arena.

Un antiguo sortilegio de los indios americanos consistía en plantar un cacto en cada esquina de los cimientos de la casa (todos los cactos deberían ser de la misma variedad). Esto impedía la entrada a todas las influencias y poderes no deseados.

Encalar una casa para protegerla del mal se ha considerado siempre muy efectiva. Esta es una medida bastante drástica, ya que el encalado no debe estar nunca sucio ni descolorido.

Los sostenedores de las contraventanas en forma de S mantenían el mal alejado de la casa, lo mismo que las abrazaderas cruzadas o en forma de S que con frecuencia se adosan a los muros de las casas antiguas.

Finalmente, consiga un tubo pequeño y coloque tres flechas dentro de él, póngalo sobre el tejado y le protegerá del mal.

Como ya se ha dicho anteriormente, las plantas son populares protectores del hogar. Pruebe la siguiente receta para una mayor protección a través de las hierbas.

Coja partes iguales de las siguientes:

Albahaca
Saúco
Valeriana
Mejorana

Usando sus manos y trabajando en un recipiente hondo, desmenuce las hierbas hasta pulverizarlas. A continuación vaya a través de la casa en el sentido de las agujas del reloj de una habitación a otra, repartiendo el polvo de las hierbas ligeramente, de manera que pueda echarlo por todas las habitaciones. Esto le protegerá, le dará buena suerte, paz y seguridad frente a los atracadores y ladrones.

Avellanas ensartadas en un cordón rojo y colgadas en el hogar le aportarán suerte y dinero, pero no caiga en la tentación de comerlas. Una vara de avellano colgada en el hogar es también protectora. Collares de avellanas se han encontrado en tumbas prehistóricas, tal vez podían haber sido usadas con propósitos protectores también en aquellos tiempos.

Un ramo de *muérdago* colgando del techo protege al hogar de los malos espíritus, mientras que el *ajo* colocado en el alféizar de la ventana protege contra los ladrones.

Y para terminar, si se pone nervioso o tembloroso cuando baja las escaleras hacia el sótano o cuando sube las escaleras hacia un mohoso y oscuro ático, coloque una rama de ruda al pie de las escaleras.

Sus temores se desvanecerán.

13   Con la Escoba y el Trapo

Limpiar la casa tal vez no sea una tarea demasiado mística, pero también aquí la magia está detrás. Teniendo en la mente los elementos mágicos de las tareas hogareñas, le ayudará a coger con más entusiasmo la escoba, el cepillo o el trapo. Si no, al menos tendrá algo interesante en que pensar mientras friega o frota —los misteriosos poderes que los antiguos veían en estas acciones.

La escoba desde hace mucho tiempo se ha asociado con la magia debido a su forma, uso en ritos de purificación y similitud con las varitas mágicas y báculos. Este común instrumento doméstico es tan sagrado que en algunas partes del mundo existen deidades de la escoba.

En China la diosa de la escoba es Sao Ch'ing Niang o Sao Ch'ing Niang Niang. Conocida como la Señora de la Escoba, vive en la Estrella de la Escoba, Sao Chou, y tiene poder sobre el buen tiempo. Cuando llueve durante mucho tiempo, amenazando las cosechas, los granjeros recortan pequeñas imágenes de escobas y las pegan en sus puertas y vallas para que el tiempo se aclare y salga el Sol. Estas imágenes invocan a la Señora de la Escoba.

En el México Precolombino, los aztecas adoraban a la diosa-bruja Tlazolteotl sobre a la cual normalmente se representaba llevando o cabalgando sobre una escoba. Durante sus ceremoniales, los sacerdotes quemaban incienso negro y dejaban escobas hechas con juncos (simbolizando a la diosa) encima del fuego. Búhos, serpientes y la Luna también estaban dedicados a Tlazolteotl. La diosa era invocada para barrer las transgresiones de sus fieles.

Antiguamente se preparaban distintos tipos de escobas para su uso en magia. Para algo más que los normales conjuros al barrer, debería tener una escoba en su casa reservada para la magia y asegurarse de que no se use para otra cosa. En un apuro, sin embargo, la escoba doméstica se puede usar en ritos mágicos.

Hay muchas asociaciones hechas entre escobas y brujas, algunas descoloridas y confusas. Las brujas no vuelan en escobas, por supuesto, pero lo mismo que sus acusadores, las usan para barrer sus casas. Las historias de que las brujas galopaban en escobas durante sus danzas rituales pueden contener alguna verdad, pero eso no era muy chocante hace unos pocos centenares de años. Aún en el día de hoy muchas gentes regalan caballos con el cuerpo de palo para que sus hijos jueguen a montar.

La magia de la escoba no se limitaba a la bruja y a sus afines; todo el mundo practicaba magia hace unas pocas generaciones. Algunos de estos conjuros todavía persisten en nuestros días. Por ejemplo mucha gente cree que trasladar una escoba vieja a una casa nueva traerá mala suerte. Formular un deseo cuando se usa una escoba por primera vez, hará que este deseo se cumpla gracias a la magia de la escoba.

Si se le cae la escoba mientras está barriendo, formule un deseo antes de recogerla. Todo aquel que desee casarse felizmente debe saltar sobre una escoba nueve veces en el año, y su deseo se cumplirá.

Para atraer la lluvia, póngase de pie en el exterior y balancee una escoba sobre su cabeza. Cuando estalle una tormenta ponga una escoba en el porche para actuar como pararrayos; es sabido que la electricidad y el rayo son atraídos por las escobas. Otra manera de proteger su casa de las tormentas consiste en cruzar una espada y una escoba fuera de la entrada principal de la casa.

Una antigua cura para las verrugas (hay miles) consiste en medir a lo largo la verruga con una hebra de escoba, a continuación enterrar la hebra; ésta, tan íntimamente conectada con la verruga, se debilitará y con ella la verruga. Esta antigua práctica de "medir la verruga" está íntimamente ligada con la imaginación mágica.

Si coloca una escoba cruzando cualquier umbral permitirá a
sus difuntos amigos o familiares, hablarle si lo desean. Tanto
como la escoba permanezca en ese lugar, ellos podrán hacerlo
libremente. Esta práctica obviamente tiene relación con el poder de la puerta como entrada a otros mundos.

La escoba también se ha usado con propósitos protectores.
Siempre se ha sabido que los bebés y los niños pequeños eran
muy susceptibles a ataques psíquicos y de otras clases. Se creía
que si se colocaba una escoba pequeña debajo de sus almohadas se alejaba el mal durante sus sueños.

Dos escobas cruzadas y *colgadas en una pared o clavadas en
una puerta* protegerán la casa, como lo hará una escoba colocada en el suelo delante de la puerta. Se cree que las escobas dispersan las energías negativas, antes de que puedan importunar.

Coja dos agujas, forme con ellas una cruz con los brazos iguales, y colóquela en una escoba. Ponga la escoba de pie detrás
de una puerta y guardará su hogar. (Por otra parte, cuando ponga
una escoba en una esquina, póngala con las cerdas hacia arriba, con el mango hacia abajo. Esto no sólo le asegurará que las
cerdas le durarán más, sino que también le traerá buena suerte.)

Si cree que ha sido hechizada por espíritus poco amistosos,
pise sobre el palo de una escoba, impedirá que le molesten.

Si tiene problemas con las pesadillas, deje que la escoba las
barra. Cuelgue una de la puerta de su dormitorio y coloque ajo
debajo en su almohada. Dormirá tranquilamente.

Hay conjuros relacionados con el barrer, bastante antiguos.
Por ejemplo, con una escoba nueva debería barrer algo dentro
de la casa, antes de barrer para fuera la suciedad, si no, su suerte se iría por la puerta.

Compre una nueva escoba, o mejor todavía haga una. Antes
de usarla para las tareas caseras, grabe o escriba en su mango
(las palabras deben ir en un lado del principio del mango hacia
las cerdas): "Barro para dentro dinero y suerte". En el otro lado
(con las palabras escritas a partir de las cerdas) grabe o escriba:

"Barro hacia fuera el mal y la pobreza''. Visualice cuando limpie los suelos y así se hará.

Mucha gente no barre los suelos por la noche porque se dice que obstaculiza la buena suerte. Esta creencia parece basarse en una antigua tradición que dice que al barrer se molesta a los espíritus de los fallecidos que vagan por el suelo mientras el resto de la casa duerme.

Mientras barra, recuerde hacerlo hacia la chimenea, si tiene una, si no, hágalo en cualquier dirección, menos hacia la puerta principal. Si ignora esta advertencia, puede expulsar la suerte de su casa.

La magia de la escoba, aunque es muy variada y colorista, no constituye toda la magia a través de la limpieza. La costumbre de la limpieza general en primavera, desde hace mucho establecida, tiene sus connotaciones mágicas. La primavera es la estación en la que la Tierra se renueva, el resurgimiento de la Naturaleza después del frío sueño del invierno. Por esto es una época ideal para limpiar el hogar —para darles la bienvenida a las energías de la nueva estación.

La limpieza de primavera es más que un trabajo físico: debería conllevar por su parte un concentrado esfuerzo de librarse de todos los problemas y negatividad de los meses pasados y prepararse para la llegada de la primavera y el verano.

Enfréntese a la tarea de limpiar la casa con pensamientos positivos y un sentido de los mágicos aspectos del trabajo: está librando a su casa de las severas energías del invierno. Limpiándola físicamente la está preparando para los rituales de purificación que vendrán más adelante. (Ver Capítulo 14.)

Dice la leyenda que no tendrá ningún efecto la limpieza de primavera que se haga después del mes de mayo, realmente el mes de junio es muy tarde para hacer estas labores.

Tal vez quiera empezar la limpieza de primavera con este breve ritual: abra las ventanas para que entre el aire en la casa. Encienda una vela blanca perfumada por alguna esencia fresca y floral (como la de rosa), coloque una flor o ramo de hojas fragantes delante de esto y medite durante unos minutos antes de comenzar sus actividades. Visualícese físicamente purificando y limpiando la casa. A continuación, mientras sigue ardiendo la vela, empiece sus labores.

Existe magia y tradición relacionadas con los estropajos, pero no mucha si la comparamos con lo de la escoba. Por ejemplo, si cuelga un estropajo en la parte de fuera de su puerta trasera, ningún maleficio puede actuar contra usted, no puede fregar con él; si quiere probar este remedio compre otro estropajo para las labores caseras.

Se dice también que da "mala suerte" pisar sobre un estropajo (especialmente si resbala). Es mejor recogerlo que ignorarlo y arriesgarse a tener un accidente.

Todo trabajo casero —desde frotar las manchas del fregadero a pulir los suelos o los muebles de madera— debe de hacerse en el sentido de las agujas del reloj. Esta práctica carga su trabajo y lo que esté limpiando con energía positiva.

Los trapos de cocina tienen su magia particular. Se dice que da buena suerte robarle al vecino uno. Parece que con ello se llega a compartir los buenos tiempos del vecino, lo mismo que los malos, lo cual ciertamente sería bueno para él.

Sus propios trapos de cocina le pueden también traer buena suerte. La próxima vez que llueva cuelgue uno en el exterior para recibir las bendiciones de la lluvia, o entierre uno en la parte de fuera a la luz de la Luna llena. Se dice que ambas dan muy buena suerte.

Como las escobas, los trapos no deben llevarse de una casa a otra. ¿Por qué coger la suciedad anterior si la quiere dejar detrás?

Finalmente, una antigua tradición campesina: Si su mejor mantel se ha manchado y no le puede quitar las manchas por ningún medio normal, sáquelo al exterior en una noche de Luna llena, extiéndalo sobre la hierba o sobre unos matorrales, y déjelo hasta que amanezca. Los pálidos rayos de la Luna limpiarán su mantel mientras usted duerme.

14   Purificaciones Caseras

No importa lo cuidadosamente que limpie la casa, no importa la frecuencia que pase la aspiradora, friegue, abrillante y limpie el polvo, siempre puede haber "suciedad" que ni los cepillos ni trapos puedan quitar.

Toda casa está sujeta a energías negativas —malos pensamientos, miedos, caos— que se cuelan a través de las grietas de nuestras paredes, son enviadas vía satélite a nuestros televisores y radios y se agitan en todo hogar habitado por seres humanos.

Pero no se ponga histérico por esto; ninguna desagradable criatura va a salir de su tostador para asustarle en la oscuridad. La negatividad es sólo eso, vibraciones negativas que no tienen forma pero que existen realmente en otros niveles de existencia y que pueden afectar a nuestras vidas.

La negatividad cayendo sobre una casa, puede afectar a las relaciones, crear tensión, aumentar las discusiones y los accidentes y arruinar una bonita fiesta. Puede también causar insomnio y causar que la casa se empape de una pesada y maligna atmósfera. Cuando esto ocurra purifique la casa de la negatividas que inevitablemente atrae.

Las purificaciones caseras mensuales reducirán drásticamente la negatividad en su hogar. Si vive lejos de una zona urbana, puede realizar las purificaciones caseras cada tres meses o así o cuando los ánimos estén un poco tensos. Es mejor hacer estas purificaciones durante la Luna menguante (cuando la Luna va de un globo blanco brillante a un invisible círculo). Si es necesa-

135

rio, por supuesto, no espere por la correcta fase lunar, hágalo ya. Los rituales, después de todo, no son leyes sagradas.

Las purificaciones barren la negatividad general, la de la clase que abunda en las ciudades y edificios de viviendas. De todas maneras, una purificación no es un exorcismo; no dejará libre un lugar de espíritus perturbadores. De todas formas, aunque las purificaciones dan resultado, no le protegen de una energía negativa dirigida conscientemente hacia usted. La magia protectora y los rituales realizados para devolver esta energía al que la envía —utilizando velas, espejos, hierro, sal, hierbas, cristales de cuarzo, baños, inciensos, entre otros medios— cumplen esta función, como lo hace el exorcismo. Algunos de los conjuros protectores mencionados en este libro os ayudarán a defenderos en estas situaciones, como lo harán los conjuros de protección personal, amuletos y talismanes que posea.

Vayamos al punto de la cuestión, se ha mencionado anteriormente la energía negativa dirigida conscientemente. Esto significa una maldición o maleficio. Sólo la mención de esto es suficiente para que muchas gentes se crean que están bajo su poder. Después de todo es fácil acusar a influencias extrañas de los problemas de nuestra vida, de esta manera nos quitamos responsabilidades para nuestro progreso o culpabilidad en nuestros fallos.

Si la idea de maleficio le preocupa, relájese. Son muy poco frecuentes. La mayoría de la gente a la que algo como esto le ha sucedido ha sido cosa de su imaginación. Incluso cuando se han lanzado maleficios pocas veces surten efectos porque, al ser realizados sin nuestro consentimiento, traspasan nuestra natural armadura física antes de que puedan afectarnos.

Entonces, ¿qué podemos hacer para que nuestro sistema de autodefensa funcione perfectamente? Manténgase sano. Haga ejercicio moderado. Mantenga una aptitud positiva ante la vida y fe en los propios poderes y habilidades. Responsabilícese de sus acciones pasadas y futuras. Realice con regularidad magia de autoprotección y visualización.

Tristemente, gracias a décadas de entretenidas pero engañosas novelas y películas, muchas gentes están aterrorizadas de poder caer bajo algún poder mágico. Este temor puede arruinar la salud física y mental de una persona, de esta manera el inexistente "maleficio" producirá su efecto.

Aunque no exista ningún maleficio, las personas que quieran echarle la culpa de sus problemas, señalarán a la "evidencia". "¿Ves? No me creías. Ahora estoy perdiendo peso, se me cae el pelo y como carne cruda al amanecer. ¡Esto prueba que estoy embrujado!"

Absurdo, sí, pero con demasiada frecuencia es verdad. Si usted cree que está enfermo, pronto notará los síntomas. Esto no es solamente psicológico, es mágico. Los pensamientos son cosas.

Por tanto, manténgase sano y cuerdo. En el caso raro de que alguien intente hacerle un maleficio, usted no será una fácil víctima. El permanente flujo de energía positiva circulando a través de su casa le protegerá, lo cual nos conduce de nuevo al tema de las purificaciones para el hogar.

Para empezar, abra todas las puertas y ventanas para permitirle a la negatividad evacuar su casa fácilmente. El acto de ventilar la casa por lo menos reemplaza el aire viciado por el fresco. Es parte del ritual de purificación y simboliza su intención de limpiar la casa. El aire fresco y la luz del Sol también ayudan a barrer y quemar toda la negatividad.

Como todos los actos mágicos, la purificación de la casa debe respaldarse con el trabajo físico; por tanto la purificación de la casa comienza por fregar los suelos y limpiar las ventanas. Debido a que lo similar atrae a lo similar, las casas sucias y desordenadas prácticamente invitan a las vibraciones disturbadoras. Incluso si su hogar no está escrupulosamente limpio, está en orden si usted sabe dónde está cada cosa.

Mientras limpia la casa, véase a sí misma barriendo todas las tristezas y problemas que se han acumulado allí. Aunque no sea capaz de verlos o sentirlos, de todas maneras imagine su presencia. Vea la suciedad en el agua (en la esponja o estropajo) como contenedora de esa negatividad. Inmediatamente tire esa agua contaminada fuera y reemplácela por otra limpia.

Una vez que la casa esté físicamente limpia, ya está dispuesta para empezar la purificación mágica. Se pueden utilizar cualquiera de los siguientes rituales. Aunque ellos sean distintos, son

similares en las intenciones. Escoja el que más le apetezca y repítalo regularmente para asegurarse de que su hogar mágico verdaderamente permanezca como un "hogar dulce hogar".

La purificación elemental

Este rito utiliza los poderes de los cuatro elementos (Tierra, Aire, Fuego y Agua) para limpiar la casa. Cuando esté a solas en la casa o en presencia de su familia o compañeros de casa, junte en una mesa lo siguiente:

Un cuenco o un plato llano, con sal
Un incensario
Incienso de resina (o cualquier otro dulce y humeante incienso, palos, conos o polvo)
Una vela blanca
Un cuenco con agua pura y limpia

Encienda el incienso y la vela. Póngase de pie delante de la mesa y ábrase usted mismo a la casa. Sienta sus energías y diga algo como lo siguiente (siéntase libre de improvisar):

Yo os mando, instrumentos de los elementos,
barrer mi casa de todo mal.
Esta es mi voluntad, por lo tanto, se pulverizará.

Coja el plato con la sal, moviéndose en sentido de las agujas del reloj, eche una pizca de sal en cada esquina de cada habitación, diciendo las siguientes o similares palabras:

¡Por los poderes de la Tierra, yo limpio esta casa!

En su imaginación vea la sal quemando toda la negatividad, mientras la está arrojando. Su purificación será tan fuerte como sus visualizaciones.

También eche unas porciones en las alacenas y armarios, a través de las abiertas ventanas y puertas, dentro de las buhardillas y sótanos, y en el garaje.

Seguidamente deje la sal y coja el incensario. Mientras el incienso humea, llévelo siguiendo la misma ruta que usó con la sal. Sosteniéndolo delante de las puertas abiertas y ventanas y en las esquinas de cada habitación, visualice al incienso limpiando toda la negatividad y todo mal. Diga lo siguiente a intervalos regulares:

¡Por los poderes del Aire, yo limpio esta casa!

Una vez que haya andado a través de toda la casa, deje el incensario y coja la vela encendida y haga la misma ruta. De nuevo visualice, moviéndose en el sentido de las agujas del reloj, y sosteniendo la llama delante de las ventanas y puertas, viéndola brillar con mágicos poderes, quemando toda la negatividad. Diga cada poco:

¡Por los poderes del Fuego, yo limpio esta casa!

Finalmente, vuelva a poner la vela en la mesa y coja el cuenco con el agua. Rocíe agua a través de toda la casa, en cada esquina y en las salidas y las entradas. Lance algunas gotas a las ventanas y a través de ellas. Vea y sepa que el agua está arrastrando al mal con una ola de mágico poder. Diga lo siguiente:

¡Por los poderes del Agua, yo limpio esta casa!

Ponga el cuenco en la mesa y permanezca de pie en la casa durante unos minutos. Se debe sentir más calmada, más en paz, fresca y limpia. Si no repita el ritual.

Cierre las puertas y ventanas, y, si el tiempo lo permite, deje la sal, el incienso, la vela y el agua juntas en la mesa hasta que la vela se consuma completamente y el incienso se reduzca a cenizas.

La purificación de la escoba
Antes del amanecer, coja una rama de un árbol. Agradézcale al árbol su regalo y deje una moneda o piedra semipreciosa a sus pies como pago.

A continuación, consiga varias coloreadas flores de tallo largo. Ate estas flores a la rama para hacer una especie de escoba, entonces barra el suelo de cada habitación de la casa, visualizando a las flores de la escoba absorbiendo la negatividad y el mal mientras usted trabaja. Para terminar, todavía antes de que salga el Sol, deje la escoba en un cruce de caminos. Tradicionalmente, en el suroeste de los Estados Unidos de México, este ritual es repetido al principio de cada mes.

La infusión purificadora

Reúna partes iguales (un puñado de cada) de mejorana, laurel y romero secos. Caliente una cantidad de agua hasta que casi hierva, retírela del calor y meta las hierbas dentro. Cúbralo y déjelo que enfríe.

Cuele las hierbas y con los dedos rocíe la infusión por toda la casa, muévase en la dirección del reloj, visualizando y diciendo algo parecido a lo siguiente:

Yo destierro el mal y la negatividad
Esta es mi voluntad, por lo tanto así se hará.

Moje con el agua las puertas y ventanas, aparatos y mobiliario, fuera en el exterior de la casa y en la propiedad que la rodea. Asegúrese de echar alguna en los desagües. Visualice al agua limpiando el área completa. Ya está hecho.

La infusión de limón

En Luna llena, pele completamente nueve limones utilizando solamente las manos. Cuando termine de pelar cada uno, coloque las mondas en un búcaro o en una palangana grande de agua.

A continuación, suavemente estruje las mondas dentro del agua, soltando sus aceites, hasta que la limpia y fuerte fragancia del limón flote en el aire. Visualice los poderes del limón limpiando su hogar de la negatividad.

Todavía visualizando, friegue los suelos, pomos de las puertas y ventanas con el agua de limón. Vierta una poca del agua por cada desagüe. Repita este ritual cada Luna llena.

15 Mudanza

Mudarse de un lugar a otro es un alboroto, un ronroneo de antiguas energías y centelleo de las nuevas. No sólo cambia nuestro entorno, sino que las energías de la nueva casa también son diferentes.

Para suavizar la transición, puede hacer unos conjuros para ritualmente finalizar su residencia en un lugar y empezar una nueva en otro lugar. Tales ritos se han usado durante miles de años, algunos por gentes que ni remotamente tenían conciencia de sus orígenes en la antigua magia pagana.

Se dice que las condiciones climáticas del día de la mudanza pueden predecir su futuro en la nueva residencia. Las condiciones del tiempo son consideradas un factor importante; por ejemplo, si usted se muda durante una tormenta de nieve, usted ganará mucho dinero y prosperidad en su nuevo hogar. Una mudanza durante la Luna creciente asegura que sus provisiones aumentarán con ella, mientras que un día lluvioso le anuncia mucha emoción.

Se creía que el día de la semana era también importante, debido a las influencias planetarias. Si se muda un lunes, tendrá pocas pesadillas y aumentará sus cualidades psíquicas. La mundanza un martes agudizará la percepción y poderes intelectuales a los de la casa, mientras que hacerlo en miércoles elevará las pasiones de toda clase. Si se escoge un jueves para el traslado, el dinero fluirá dentro a través de la puerta principal, mientras que hacerlo el viernes llenará la existencia con mucho amor y atmósfera armoniosa en el nuevo hogar.

Siempre se ha considerado que mudarse un sábado daba mala suerte, pero esto no es así. En realidad es un estupendo día para cambiarse a un antiguo edificio o casa. Un traslado en domingo promete que todas las acciones en la casa nueva serán prósperas y que la buena suerte fluirá dentro de la casa y que la luz de la razón brillará dentro de ella.

Antes de trasladar alguna pertenencia al nuevo hogar realice una purificación sobre él. Si esto es posible hacerlo antes de la mudanza, hágalo tan pronto se lo permitan las circunstancias. Use algunos de los ritos de purificación del Capítulo 14 o invente uno.

Hay algunas reglas mágicas relacionadas con el mismo acto del traslado. Cuando deje una casa, deje siempre algún dinero dentro de ella, no importa lo pequeña que sea la cantidad; hacer esto le dará buena suerte a usted y a los nuevos inquilinos.

Antes de cambiarse a una nueva casa, ponga algo sucio de la antigua propiedad en sus zapatos, déjelo allí hasta que se cambie al sitio nuevo y le vendrán buenos tiempos dentro de él.

Otro conjuro para traer buena suerte es coger un esqueje o bulbo de una planta de la antigua casa y colocarlo en el nuevo jardín. (Trasladar las plantas de la antigua casa a la nueva satisface esta costumbre.)

Las primeras cosas traídas a la nueva casa son de mágica importancia. Algunas cosas en particular se dice que traen buena suerte. Algunas personas lo primero que llevan es pan y sal. Con la sal representando la fortuna y el pan la comida, el nuevo hogar nunca conocerá el hambre ni la falta de dinero. Antiguamente ésta era una ofrenda a los lares, los espíritus del hogar en tiempos de Roma.

Siguiendo con la misma idea, un cesto lleno de comestibles —tales como frutas, vegetales, frutos secos, pan y queso— se debe llevar a la casa lo primero. Para mantener la estabilidad en el nuevo hogar, algo que no pueda ser movido por el viento, tal como una silla pesada, debería ser una de las primeras cosas introducidas.

Hay una antigua regla raramente discutida: nunca traslade una escoba de una casa a otra. Llevará a su nueva residencia la mala suerte y la suciedad de la anterior. (Esto no tiene que ver con las escobas decorativas o las que son usadas solamente para fines mágicos, sólo para las que se usan realmente para barrer.) Si por alguna razón usted tiene que trasladar una escoba corriente, introdúzcala en la nueva casa a través de una ventana y la mala suerte será desterrada.

Si sufre un retraso en el traslado de sus pertenencias a una nueva casa, cruce un estropajo y una escoba nuevos delante de la puerta. Como ni el estropajo ni la escoba han sido usados, esto le protegerá hasta que usted pueda mudarse.

El día que se asiente en su nuevo hogar, arroje un puñado de sal dentro de la casa antes de entrar en ella. También abra una contraventana que mire al Este (si tiene alguna) y la casa estará protegida de ser destruida por las tormentas.

Para ponerse a tono usted con las energías de la nueva casa, encienda una vela blanca o azul y queme algún incienso de olor dulce. Siéntese en silenciosa meditación, abriendo su conciencia para abarcar toda la estructura. Imagínese caminando por toda la casa. Puede decirle unas pocas palabras a la casa o simplemente visualizar su nueva vida en el hogar, como usted quiere que sea.

Mientras desempaqueta las cajas y coloca los muebles acuérdese de desarrollar algunos hechizos protectores o lanzar algunos conjuros para asegurar la seguridad de su hogar. Si había hecho saquitos o amuletos en su antiguo hogar, es mejor que los entierre y haga otros nuevos que trasladarlos a la nueva residencia. Pero haga lo que le parezca conveniente. Puede decidir llevar su bola de bruja o su piedra agujereada, pero haga un nuevo saco de hierbas y eche a la tierra las hierbas ya utilizadas.

Una vez que se ha trasladado, dé una fiesta para celebrarlo. Además de ser una excusa para que se conozcan mutuamente su casa y sus amigos, dice la tradición que si los invitados traen regalos, éstos deberían ser para la casa, no para usted. Los más ''sagrados'' de estos regalos serían los usados para el mantenimiento del edificio.

Lo mismo que limpia el nuevo hogar antes de mudarse, el que se deja detrás debería ser también purificado. En cierto sentido, sería dejar la casa descansar, dispersando las energías que eran suyas mientras usted habitaba en ella. Rituales similares eran realizados por nuestros antepasados, y estos conjuros ritualmente marcan el fin de la residencia.

En el medio de un frenético traslado, tal ritual se puede limitar a unas pocas palabras o acciones. De todas maneras, planificándolo, puede dejar un poco de tiempo para desarrollar un ritual de purificación en su antigua casa tan pronto como haya sacado la última de sus pertenencias. Este ritual puede ser tan sencillo como balancear su escoba vieja tres veces sobre su cabeza en cada habitación, o coger el último barrido y echarlo al aire, mientras visualiza su física esencia disolviéndose dentro del hogar.

Se puede desarrollar un culinario conjuro de mudanza: Tan cerca como sea posible a la fecha de su mudanza haga alguna cosa comestible —pan, pizza, pastel, etc.— con la forma de una casa. (Debe mezclarlo, cocinarlo y comerlo en la misma casa.) Mientras mezcla la mantequilla o la masa, vierta en ella todas las vibraciones de la casa. (Si están presentes las negativas, realice primero una purificación.)

Use el método que quiera para hacer su "casa comestible". Se puede usar masa o rebanadas de cake cortadas para dar forma a la casa. También se pueden hacer galletas con forma de casa. Cualquiera que usted haga, coma su comestible "casa" justo antes de mudarse, y llevará una parte de la esencia real de la casa consigo.

Otro similar conjuro para los traslados: llene un jarro de cristal o barro con sal. Vaya a través de la antigua casa con este jarro, visualizando a la sal absorbiendo las memorias, alegrías, tristezas, experiencias y todo lo que ha convertido a la casa en una parte de su vida. Meta el jarro en los armarios, el garaje, etc. Observe cómo la casa se va purificando suavemente de todas las negativas energías, dejándola nueva y fresca para sus próximos residentes.

Cuando la casa esté limpia, lleve el jarro fuera, tápelo fuertemente, séllelo con cera derretida (use un lápiz rojo) y marque

un símbolo protector (un pentagrama) en el jarro o botella. A
continuación llévelo a un lugar no cultivado, entiérrelo y no mire
atrás cuando se vaya.

Aunque dejamos detrás las energías de nuestro pasado, no hay
razón para querer bloquear nuestras memorias. Las casas lle-
gan a formar parte de nosotros, y cuando las dejamos atrás, dejamos un poco de nosotros mismos en ellas.

Por tanto recuerde los buenos tiempos y vaya adelante asen-
tando una nuevo hogar mágico en su nueva residencia. En nada
de tiempo se sentirá de nuevo en casa.

16   El Año Mágico

El hogar mágico siente el efecto de las estaciones lo mismo que los seres humanos. Las prácticas de los rituales caseros se asocian con las estaciones y muchos festivales antiguos. Siguiendo estas costumbres, puede entonar su casa con las estaciones y los poderes que están detrás de ella.

Empecemos nuestro año mágico con la Navidad, o alrededor del 21 de diciembre. Esta fue una antigua fiesta pagana para conmemorar el nacimiento de deidades solares, como Mitra; sólo más tarde llegó a ser una de las fiestas más santificadas del calendario cristiano.

Las costumbres y orígenes paganos de la Navidad han calado profundamente, y pocos hogares son distintos a finales de diciembre. Una de las costumbres más comunes es la de poner en casa un pino y decorarlo.

Se pueden hacer muchas actividades mágicas en esta época del año. En los primeros tiempos uno de los más importantes eran las hogueras. Este fuego sagrado se hacía para dar fuerza y vida al Sol, el cual se creía que renacía en el Solsticio de Invierno.

En los últimos tiempos el fuego fue domesticado y traído dentro de las casas con la forma de tronco navideño. Se elegía un tronco grande, se le arrastraba a la casa y se preparaba para ser utilizado. Se tallaban soles, figuras masculinas y otros símbolos mágicos en su superficie, y se decoraba con hojas.

Si desea quemar un tronco de Navidad, ¿por qué no decora uno? Bata parafina derretida con un batidor de mano hasta que esté blanda y que se pueda extender, unte el tronco para pegar ramas de pino y cedro, piñas, muérdago, romero, acebo u otras plantas. Después, con lo que ha quedado del tronco del año anterior (si lo hay), encienda un fuego la noche anterior a la Navidad. Asegúrese de que arda hasta la mañana siguiente. Lo mejor sería que el tronco siguiese ardiendo durante tres días o más, pero pocas chimeneas tendrían espacio para un tronco tan grande. Cuando se siente al lado de la chimenea observando el fuego, beba sidra o cerveza, bebidas típicas de esa noche.

Si no tiene chimenea, puede hacer una vela de Navidad. Compre la vela más grande, más ancha y más roja que pueda encontrar. O mejor, haga una. Con un pico de hielo, grabe un sol ardiente en un lado de la vela, colóquela en una palmatoria o plato resistente al fuego. Rodee su base con acebo, pino, muérdago, cedro, romero, laurel, enebro u otras plantas de hoja perenne. Queme la vela la noche de Navidad. Si quiere que se queme durante toda la noche, colóquela en un caldero, en un cuenco grande, y rodee el caldero con las plantas.

Colocar acebo, muérdago y un árbol en la casa durante la época de Navidad, introduce la esencia de la Naturaleza durante los meses más oscuros del año. Refresca las energías del hogar y nos recuerda el crecimiento y vida de la Tierra.

Poner velas y luces en el árbol le asegurará al hogar un año lleno de bienestar y luz. Para decoración puede utilizar los comunes adornos de cristal (los de plata son bolas de bruja en miniatura), y colgar naranjas, manzanas, piñas y nueces en sus ramas, como era costumbre en tiempos pasados. Guirnaldas de amapolas y arándanos son toques naturales y le transmitirán su magia al árbol. Fragantes guirnaldas hechas con capullos de rosa secos y palos de canela añadirán una nota nostálgica a su árbol.

Hay unas pocas reglas relacionadas con la conducta doméstica durante la Navidad. Ante todo, no trabaje demasiado; si le gusta bordar a mano, procure no pincharse. La tradición dice que nadie debería sentarse a la rueca o coger el huso o aguja el 21 de diciembre.

Comer una manzana la noche de Navidad asegura buena salud durante el año que va a empezar, mientras que un baño de limpieza mágico nos sacará todas las preocupaciones y problemas de los últimos seis meses. Mezcle pino, laurel y romero, átelos dentro de una tela de gasa y añádalos al agua de su baño.

La Noche Vieja y el Año Nuevo están empapados de magia casera, la mayoría para proporcionar al hogar y a sus residentes un año lleno de salud y prosperidad.

Hay muchos rituales tradicionales para la noche de fin de año. Quemar siete velas esta noche traerá buena suerte a la casa. Si usted quiere más que suerte, encienda una vela a cada lado de un espejo cinco minutos antes de la medianoche, mire a través del espejo y verá una visión.

Unos minutos antes de las doce de la noche, abra las ventanas y las puertas para que se vayan las vibraciones negativas del año.

La Noche Vieja es una época excelente para aumentar la propia belleza. A medianoche, lave la cara con agua de pozo, mírese a un espejo con la luz de una vela y aumentará su belleza.

Si tiene una chimenea puede hacer el siguiente conjuro: para librarse de los males y problemas del año que acaba, enrolle el ahora antiguo calendario con una hebra de lana. Echelo al fuego, mientras canta:

Arde, arde, calendario arde;
¡Las preocupaciones del pasado año nunca volverán!

Los conjuros anteriores son muy fáciles de realizar, pero hay algunos más complejos. Hubo un tiempo en que en Escocia, cada residente de la casa, se lavaba el cuerpo entero en agua a la que se le había introducido tres ardientes brasas cogidas de la chimenea. A continuación se lavaba toda la ropa, se fregaba la casa de arriba a abajo, se abrían todos los cerrojos y se colocaba un brillante cuchillo cerca de la puerta principal. Una luz ardiendo toda la noche en la ventana completaba este ritual.

Hay muchos rituales para hacer el mismo día de Año Nuevo.

En primer lugar, asegúrese de que sus bolsillos y armarios estén llenos ese día, de esa manera tendrá dinero todo el año. Si tiene plantas en la casa ese día, tendrá dinero durante el resto del año.

Incienso de enebro —o enebro seco quemado con carbón— limpia ritualmente la casa y es muy tradicional. Hierba y agua se pueden meter dentro de la casa para que haya plenitud de bebida y de comida. Quemar velas de laurel es una agradable perfumada costumbre. Un antiguo poema dice:

Velas de laurel, cuando te quemes en el pocillo
Trae suerte al hogar y dinero al bolsillo.

Como tiene que dejarlo arder del todo, coja velas pequeñas y colóquelas en palmatorias resistentes al fuego.

El día de Año Nuevo, no antes, se deben colocar los nuevos almanaques y calendarios.

La siguiente fiesta mágica, el 2 de febrero, antiguamente era conocida como Imbolc, Oimelc, Candelemas y por otros nombres. Es muy conocida en los Estados Unidos con el nombre de Ground-hog Day.

Imbolc celebra el regreso del Sol después del invierno. En esta noche que los romanos dedicaban a Venus, todas las velas de la casa se encendían y se sacaban a fuera las antorchas para darle la bienvenida al Sol. Esta costumbre puede seguirse en nuestros días, encendiendo brevemente todas las luces de la casa o encendiendo una vela en cada habitación. Una chimenea encendida es también muy apropiada.

El 14 de febrero, día de San Valentín, se dice que se deben plantar lechugas y guisantes en el huerto. Para esparcir amables energías a través de la casa, encienda siete velas color rosa y un incienso floral, mientras visualiza su casa inundada de esta emoción. Esta es una época ideal para realizar adivinaciones para descubrir futuros amores, o simplemente para lanzar conjuros amorosos.

Marzo frecuentemente marca el comienzo de las limpiezas de primavera. Coja las primeras flores del jardín y abra las ventanas para purificar la casa de su aislamiento invernal. Si tiene un jardín, empiece a trabajar la tierra tan pronto haya pasado el peligro de las heladas (que puede ser todavía de un mes más o menos). Mientras planta, tenga pensamientos mágicos. Visualice las semillas que está plantando cómo serán cuando crezcan: fuertes, altas, sanas. Proteja las plantas con piedras marcadas con pentagramas colocadas en ángulos estratégicos, las estrellas mirando hacia abajo para que no llamen la atención.

En primavera tome un mágico baño de limpieza, conteniendo mejorana y tomillo. Las purificaciones y limpieza general de la casa está bien hacerlas en primavera, lo mismo que los arreglos caseros, tales como reparar, pintar y decorar. Antes de remodelar, déjele una ofrenda a la casa y hágale saber lo que va a hacer.

El 21 de marzo aproximadamente (la fecha astronómica cambia cada año) se celebra el Equinoccio de Primavera. En estos días se colorean pastas y huevos —símbolos de la vida— con colores amarillo y dorado; entonces se intercambian como regalos o se usan en rituales en honor al Sol y a las divinidades de la fecundidad, tales como Eostra.

Afortunadamente esta costumbre de colorear los huevos ha sobrevivido. Si se decide a hacerlo, podría usar tintes naturales; jugo de remolacha, piel de cebolla, jugo de uvas y otros sacados de las plantas, son tintes muy bonitos y son mucho más mágicos que los tintes artificiales que se compran en los comercios.

Para celebrar el Equinoccio, llene a medias un cuenco grande con agua y coloque dentro una selección de flores. Pueden ser anuales o perennes recogidas en su jardín, flores silvestres recogidas durante un paseo o capullos frescos comprados en la floristería. Ponga el cuenco en un lugar prominente de la casa.

Si desea aumentar su salud a través del año que empieza, beba agua fría en el Equinoccio de Primavera y coma una hoja de savia.

También el 21 de marzo, saque sus posesiones personales, y deshágase de todas aquellas prendas y cosas que ya no utilice. Pero no las tire, déselas a quien pueda necesitarlos.

El 1 de mayo se celebraba en la antigüedad como Beltane y aún todavía hoy por los paganos y brujas. Se basa en los antiguos ritos romanos de Floralia, dedicados a Flora, diosa de las flores. Mucho más conocido como el Día de Mayo, un gran número de costumbres han sobrevivido desde los tiempos primitivos.

El Día de Mayo era la fecha en que los romanos honraban a los lares, guardianes de la familia y el hogar. Se colgaban coronas delante de sus altares, se quemaba incienso y la familia se armonizaba con su esencia espiritual.

El Día de Mayo se ponían en la casa lilas y oxicanta, lo cual no era usual, ya que eran consideradas portadoras de mala suerte. En ese día sin embargo se rompía el maleficio.

Las flores de mayo —velloritas, margaritas, caléndulas y centenares de otras flores— todavía se llevan a las casas para que desprendan sus poderes y conecten al hogar con la vida del exterior.

Para proteger la casa contra los intensos poderes mágicos que actúan en Beltane, haga una cruz en las cenizas de la chimenea con una vara de avellano, o lleve palos de saúco tres veces alrededor de la casa, a continuación cuélguelos dentro de algún lugar o colóquelos en el exterior sobre la puerta.

Al amanecer el Día de Mayo, vaya al jardín o a un bosque y recoja rocío de las plantas, flores y hierba. Lave su cara con este rocío, y se avivará su belleza.

Se considera de mala suerte dar sal o fuego el Día de Mayo, ya que en aquellos tiempos eran las dos sustancias más sagradas. Por tanto si los da el Día de Mayo, también dará su suerte.

Beltane señala el principio del verano, cuando toda la naturaleza experimenta un resurgimiento de poder y energía. El día y la noche se consideraban peligrosos para los que no estaban preparados a causas de esas vibraciones excesivas. Debido a este fenómeno, se creía conveniente dormir en la casa esa noche.

El Solsticio de Verano, alrededor del 21 de junio, es la clásica noche para todo tipo de magia, incluyendo los ritos caseros.

Es otra noche de celebración del fuego, por tanto encender una hoguera esa noche y mantenerla hasta la medianoche traerá suerte y bendiciones a la casa.

Hubo un tiempo en que se encendían enormes hogueras. Todos los fuegos de la casa se apagaban, para volverlos a encender con fuego procedente de la hoguera del Solsticio de Verano.

Es una noche estupenda para tener sueños proféticos. Hay dos procedimientos muy sencillos. Para el primero, recoja nueve flores y colóquelas debajo de su almohada. Acuéstese, relaje su mente y dispóngase a dormir. El segundo método es todavía más sencillo: duerma con muérdago bajo su cabeza, y sus sueños se convertirán en realidad. Incluso sin hierbas o flores sus sueños serán más lúcidos y vivos durante esa noche.

Este es un tiempo estupendo para cosechar hierbas para ser usadas en magia, ya que sus innatos poderes serán más fuertes si se recogen ese día.

Corte vara de San Juan en la noche del Solsticio de Verano y cuélguela en su hogar para protegerle contra los efectos del rayo y de la negatividad.

Si hay grandes rocas en su propiedad, coloque flores en las más grandes como sacrificio a los poderes de la Naturaleza (a propósito, cuando corte flores por este u otro motivo, hágalo suavemente; son formas de vida. Háblele a la planta y déjele una ofrenda, o tal vez un poco de energía como pago por la parte recibida).

El verano arrastra una gran actividad fuera de la casa, especialmente las vacaciones. Si se va para un largo viaje, asegúrese de proteger la casa antes de irse, no sólo mágicamente si no también físicamente. Todos los saquitos antirrobo del mundo no impedirán entrar a un ladrón a través de una ventana mal cerrada. La magia refuerza e intensifica las acciones físicas; no las sustituye.

El otoño llama a la cosecha, no sólo en los campos y jardines, sino también en nuestras vidas. En esta época del año nosotros "cosecharemos" los frutos de nuestras acciones durante el año, tiempo de meditación y de reflexión.

El 1 de agosto señala una antigua fecha de recolección, pero esta fecha con frecuencia fue cambiada para coincidir con el calendario de cosechas. Lughnasadh, o Lamas (como la iglesia Católica lo rebautizó, en un intento de cristalizar los antiguos festivales paganos), era la fiesta del pan; por tanto hacer pan es lo tradicional en esta época del año.

Las Muñecas de Maíz —complicadas figuras hechas de paja trenzada— se pueden encontrar en comercios y en las ferias, son una bonita decoración con connotaciones mágicas. Originalmente, estas muñecas de paja se hacían con la última gavilla de la cosecha. Las cañas se tejían juntas formando una rudimentaria figura humana, la personificación de la Diosa Madre de la cosecha. Este tesoro permanecía en la casa afortunada durante un año, hasta que la muñeca se destruía y se hacía una nueva.

Hoy estas muñecas se venden en las tiendas. México las exporta a los Estados Unidos, y hay artesanos especializados en ellas. Se pueden hacer en casa, pero como Scott aprendió por experiencia personal, es un arte difícil de aprender.

En Lughnasadh, se hacen y se comen tortas de grano en honor de la cosecha. Si tiene un pozo en su propiedad, lo puede cubrir con flores o espigas, porque el agua es honrada en todas sus formas es honrado como portador de vida en este día de cosecha. Si no tiene un pozo, tome un baño al que le haya añadido media taza aproximadamente de zumo de uvas o vino.

Se considera mala suerte comprar una escoba durante el mes de agosto. Quizá esta costumbre la empezó una ama de casa perezosa.

El Equinoccio de Otoño, cerca del 21 de septiembre, señala otro festival de la cosecha. Tal vez desee adornar su casa con espigas secas y maíz coloreado. Algunas gentes evitan usar maíz gris, ya que se le ve con recelo, pero el amarillo y el azul —sagrado para muchos pueblos de Norteamérica— son bonitos y baratos símbolos de la estación. Calabazas y gavillas secas de trigo son también adornos muy apropiados.

Realmente estos objetos son algo más que decoración. No sólo contienen específicas energías que le prestan a nuestra casa, sino que son también símbolos que tienen poderosos efectos en nuestra imaginación. Cuando vemos las espigas secas apiladas en la mesa el 21 de septiembre, nos damos cuenta inmediatamente del significado de ese día. A través del símbolo, nos unimos a los rituales de cosecha de la antigüedad. Aunque la mayoría de nosotros no cultivamos nuestra comida, las estaciones nos influyen. La gente mágica, lo mismo que los hogares mágicos, se pone a tono con las estaciones como una parte de vida con la Naturaleza y la magia práctica.

El 31 de octubre, Samhain o la víspera de Todos los Santos, es un antiguo festival religioso; Samhain es el antiguo nuevo año celta, por tanto en esta noche la frontera entre el reino de los espíritus y el de los humanos es más estrecha. Muchas personas dejan comida fuera, frecuentemente en el porche, para los espíritus de los fallecidos.

En esta fecha se entierran manzanas en el jardín, también para alimentar a los espíritus de los que han fallecido en el año. Tal vez por esto, el 1 de noviembre tradicionalmente comienza en Gran Bretaña la estación de la sidra.

Después de la puesta del sol el 31 de octubre, póngase delante de un espejo y formule un secreto deseo, visualizando su realización. Haciéndolo intensamente fortalece la posibilidad de que se realice.

Mantenga un fuego encendido en la chimenea toda la noche, o una vela ardiendo en la ventana. Algunos creen que da mala suerte dejar las puertas y ventanas entornadas esta noche, y la jornada debería acabarse a la puesta del sol. Si se pone después de esta hora ropa a secar se empapará de extraños poderes, por lo cual aquel o aquella que la lleve embrujará todo lo que encuentre.

Para una mirada dentro del futuro arranque un trozo de arbusto en esa noche. Déjelo fuera hasta la noche del Solsticio de Verano. Si todavía está verde para entonces, tendrá un próspero año.

Esta es una estupenda noche para la adivinación y para toda clase de artes psíquicas. Lea las cartas, mire la bola de cristal, eche las piedras y enfréntese con los próximos doce meses.

Si enciende un fuego, procure quemar hiniesta, retama o lino en sus llamas. Aunque el pan es un alimento común, no lo cueza en estas fechas, porque los "fantasmas" lo comerán.

El Día de Acción de Gracias, a finales de noviembre, empieza cuando los colonos plantaban sus cosechas en Nueva Inglaterra, más tarde que lo usual, por tanto la cosecha se hacía más tarde. La tradición americana del Día de Acción de Gracias es un tardío y enmascarado festival de la cosecha.

Colgar un ramo de espigas de grano seco, por sus tallos, en su puerta principal, antes de este día, asegura que vendrá un año lleno de prosperidad y riqueza.

La Navidad sigue al Día de Acción de Gracias, y de esta manera la rueda del año está completa.

Su hogar mágico puede florecer en todas las estaciones.

17 Hechizos Caseros

Los hechizos tienen mucho éxito en el hogar mágico, por lo tanto un libro sobre el tema sería incompleto sin una básica selección de algunos de ellos. Aunque la mayoría están relacionados con la propia casa, usted no necesita limitarse a ella. Las artes ocultas pueden ayudarnos en todos los problemas de la vida e incluso más allá.

Mientras realiza estos u otros conjuros, recuerde los siguientes puntos básicos:

• La Magia es un proceso natural, aunque haya sido olvidado por muchos en nuestros días.

• La Magia sólo debería usarse para el bien. Si practica magia que hiere o controla a otros, volverá a usted y destruirá su vida.

• Los conjuros deben hacerse con las apropiadas visualizaciones. Si no puede visualizar bien, vierta sus emociones y sensaciones en los conjuros. Las operaciones mágicas de mejores resultados, por otra parte, son las que se realizan con el poder de la magia emocional y las visualizaciones apropiadas para guiarlas y dirigirlas.

• Su hogar es su círculo mágico, su templo, su refugio ante las fuerzas negativas, pero es también un pozo dentro del cual las fuerzas positivas fluyen, fuerzas que refuerzan su magia.

• Los conjuros no son sagrados. Esto significa que puede cambiarlos de acuerdo con sus gustos y situaciones, pero tenga cuidado en mantener su básica estructura para que puedan funcionar.

Estos conjuros pueden añadir magia a su hogar.

Para proteger su casa de los merodeadores
Derrame sal por toda la casa mientras repite lo siguiente:

Como esparzo esta sal
Para espantar a los malos espíritus,
No permitas entrar al mal aquí dentro.
Yo ahora invoco la ley del tres
Esta es mi voluntad, por tanto así se hará.

Visualice la sal formando una manta protectora, derramando energía alrededor de su casa. Ya está hecho.

Para terminar con las visitas pesadas
Si tiene una visita que permanece demasiado tiempo e interfiere en su vida, pruebe alguno de los siguientes conjuros. Ninguno de ellos perjudicará a los visitantes, solamente les impulsará a irse.

Tres de los conjuros tienen relación con las escobas. El más sencillo consiste nada más que en colocar una escoba con las cerdas hacia arriba detrás de la puerta. Si la visita todavía se resiste a irse, clave un tenedor en las cerdas de la invertida escoba.

Fallando esto, vaya a una habitación adyacente a la que está el visitante, coloque la escoba de manera que el mango de la escoba señale hacia él y entone la siguiente tradicional estrofa:

Ponlo fuera de mi puerta
Porque ya me tiene aburrido hasta el fondo

Hay también otros métodos. Se dice que es muy efectivo tirar sal sobre los zapatos del visitante pelma (si se los ha quitado), lo mismo que poner una pizca de pimienta debajo de su silla.

También da resultado colgar un par de tijeras en la puerta principal. Si no, vaya a la cocina, coja el mango del mortero y póngalo de pie sobre la cocina.

Dibujar una cruz en la palma de su mano izquierda, con el dedo índice de su mano derecha hará que le entren a sus visitas unas ganas urgentes de marcharse (o le transmitirá el aburrimiento).

Si ninguna de estas medidas funciona, incluso siendo apoyadas por visualizaciones, tal vez debería intentar el conjuro más seguro de todos: pedirle a la visita que se vaya.

Para una casa llena de paz

Si su casa está siendo zarandeada por disturbios procedentes de una fuente exterior, recoja perejil fresco del huerto (o cómprelo en la tienda) y colóquelo en una vasija con agua. Déjelo empapar durante nueve minutos, a continuación salpique con ese agua por toda la casa mientras visualiza un pacífico entorno. La armonía será restaurada.

Para problemas internos, caliente tres tazas de agua hasta el punto de ebullición. Ponga tres cucharillas de raíz de valeriana en una tetera y vierta el agua sobre ella. Déjelo reposar durante trece minutos, cuélelo y rocíe con él toda la casa.

Esto parará las disputas.

Conjuro de protección para el hogar y para el inquilino

Diga lo siguiente mientras está en la casa:

> *Ningún maleficio contra este lugar*
> *o contra el que la tiene alquilada*
> *se diluirá completamente*
> *y retornará al que la ha enviado.*
> *Ahora invoco la ley del tres,*
> *ésta es mi voluntad y así se hará.*

Para librar a la casa de bichos

Para erradicar de su hogar cualquier tipo de insectos, roedores u otros bichos caseros: Un sábado por la noche, tres horas después de la puesta del sol, forme con cera una figura del bicho. Colóquela en el sitio infestado y visualice al bicho yéndose.

Para librarse de las pulgas: Queme un trapo de cocina sucio la primera vez que oiga tronar en marzo, o queme un puñado de pulguera cada día durante el verano.

Si desea expulsar a las cucarachas de su casa, ponga un espejo delante de una, se asustará tanto que escapará para no volver nunca. ¿La captura? Debe hacer esto con cada cucaracha. Un sortilegio más antiguo relacionado con esta clase de bichos, consiste en coger uno vivo, encerrarlo en una caja y presentarlo a un cadáver.

Un conjuro casero para todo consiste en golpear cacerolas de cobre por toda la casa (inclusive las buhardillas, desvanes y cuartos de baño) el último día de febrero, gritando mientras lo hace:

¡Fuera de aquí escorpiones, moscas, serpientes,
cucarachas, escarabajos y piojos!
(O cualquier clase de bicho que ronde su casa.)

Después de esto, coja un cuenco con un par de pinzas y sáquelo fuera, todos los bichos obedientemente se introducirán en él, y entonces ya puede disponer de ellos.

El Amuleto Sator

Escriba la siguiente fórmula antigua en un papel cuadrado y cuélguelo en la casa. Utilizada con mucha frecuencia en los tiempos primitivos, fue encontrada entre las cenizas de Pompeya; se dice que protege la casa contra el mal tiempo, el fuego y los ladrones.

SATOR
AREPO
TENET
OPERA
ROTAS

Para cambiar la suerte de su casa

Si tiene muy mala suerte en sus diarias tareas hogareñas y una purificación no lo ha remediado, pruebe este antiguo conjuro:

Coja una vieja cuchara, no tiene porque estar limpia, y vaya a través de su casa despacio, visitando cada habitación. Visua-

lice a la cuchara absorbiendo todo el desasosiego de la casa.
Cuando termine vaya a un cruce de caminos y entierre la cuchara allí. No mire hacia atrás cuando vuelva a casa. Las cosas empezarán a ir mejor.

Una bendición para la casa

Al amanecer, levántese y encienda incienso. Ande despacio a través de su casa tranquila y diga las palabras siguientes mientras visualiza su significado e intención:

Casa de piedra,
metal,
de madera o de barro;
tranquila,
protegida
de los cuatro vientos;
casa llena de salud,
riqueza,
alegría y paz;
guardiana,
defensora,
tú la Tierra;
casa de piedra,
metal,
de madera y de tierra,
segura,
llena de paz,
tú la gracia:
guardada y protegida estarás,
limpia y pura estarás,
llena de paz y de amor estarás.
Terminó en belleza.
Terminó en belleza.
Terminó en belleza.

Pose el incienso y dibuje lo más exactamente posible su casa desde su imaginación, dibújela desde todos sus ángulos: desde arriba, desde el frente, desde la parte de atrás, etc. Si vive en un apartamento, dibuje también el edificio.

Cuando termine vaya afuera y compruebe su dibujo. ¿Se parece al modelo? Si no, dibuje otro o corríjalo hasta que se quede satisfecho. No se necesita gran habilidad, sólo necesita hacer una imagen reconocible de su hogar.

Al acabar, coja una vela blanca y un cuchillo afilado. Corte siete tajos profundos en la vela, de manera que forme una vela nudosa. Ponga el dibujo sobre una mesa en la que pueda permanecer durante siete días. Ponga la vela encima de él y enciéndala mientras visualiza su hogar bendecido, seguro y lleno de amor.

Deje que la vela arda un nudo el primer día, mientras usted realiza sus primeras tareas de la mañana, después apague la llama y déjelo hasta el día siguiente. A la mañana siguiente, repita el ritual —desde encender el incienso y decir el canto de bendición hasta quemar un nudo de la vela.

Al séptimo día, después de que se haya quemado la vela entera, meta el dibujo en un duro embalaje y asegúrelo con una cuerda roja o blanca. Colóquelo dentro de una caja de madera con sal y rosas secas y ate firmemente la caja con otro cordón blanco. Finalmente, coloque la caja en algún lugar del hogar en donde no pueda ser vista o encontrada.

Conjuros para proteger a los niños

Hay miles de conjuros para proteger a los niños. Aunque el estar los niños en el hogar ya debería ser suficiente protección, los padres preocupados a través de los años han desarrollado un mayor número de protectores.

En Gales, a los bebés se los vestía con ropa que llevase lazos de cinta roja. El rojo es el color de la vida, se creía que protegía de la muerte, y los lazos ataban al mal.

Las cunas tenían su tradición y magia peculiar. De acuerdo con una antigua creencia, el que meza una cuna vacía, pronto la llenará. Los bebés acostados indefensos en las cunas, se protegían con hebras rojas atadas a la cuna. Las gentes que viven a lo largo del río Grande colocan una espiga de maíz a lo largo del niño para protegerlo de las fuerzas sobrenaturales; una llave de metal y un trozo de pan duro, igualmente, también protegerán al niño.

Para prevenir que los niños no se escapasen de casa, se les sacaba fuera y se les enseñaba la casa, solemne y totalmente. Una vez que se hacía esto, a los niños no se les ocurría escaparse y los padres podían descansar tranquilos.

A los niños mayores se les protegía con collares de conchas, los cuales también les proporcionarían amor, fortuna y productividad más tarde en su vida.

Cualquiera de los conjuros para la cama se puede utilizar para los niños, ya que ellos están sujetos con frecuencia a enfermedades, desde pesadillas a males físicos, durante la noche.

La magia realizada con y para los niños, especialmente la magia protectora, no debe nunca reemplazar las conocidas medidas de seguridad. Tan pronto como sus hijos sean capaces de hacerlo hágales memorizar su número de teléfono, dirección y nombre de la familia. Adviértales que no deben abrir la puerta a los extraños, no aceptar paseos con personas "amistosas", etc. De nuevo, la magia funciona cuando está apoyada por esfuerzos físicos.

Como usted es quien mejor conoce a su hijo, procure hacer conjuros protectores personalizados, tal vez incluyendo a la familia entera dentro del proceso. Donde estén presentes, los niños son una parte importante del hogar mágico.

Otros conjuros para los niños

Los ositos Teddy, tomado el nombre del presidente Theodore Roosevelt, se consideran todavía talismanes portadores de buena suerte para los niños. Si quiere incrementar la influencia del oso, diga un canto protector sobre él antes de regalárselo al niño.

Un ideal remedio para los niños está relacionado con las cometas. Si hace viento fuera y el niño está enfermo, deprimido o intranquilo, compre o confeccione una cometa con el niño. Al hacerla, "vierta" el problema del niño dentro de la cometa. (Si quiere o es capaz, el niño debería participar en el proceso.) Una vez hecha la cometa o montada, deje que el niño la eche a volar. Mientras la cometa sube y baja, soltará en el elementodel Aire la enfermedad o problema del niño.

18 Presagios y Augurios

¿Permitirías que tus muebles predijesen tu futuro?

La idea puede parecer extraña, pero durante centenares de años, desde los tiempos de Babilonia e incluso antes, los objetos y pertenencias de la casa anunciaban acontecimientos futuros.

Muchas de estas ideas son extrañas o divertidas, pero ellas reflejan lo sagrado de toda existencia en los tiempos primitivos. Usted puede andar hasta encontrar un adivino o hacer cola para visitar el Oráculo de Delfos, u observar sus muebles.

Por ejemplo si se está meciendo en su mecedora y ésta se empieza a mover a lo largo del piso, tendrá compañía antes de la noche. Si se balancea sola significa una inminente llegada de malas noticias.

Si tira la silla al levantarse de la mesa, es señal de que ha mentido mientras estaba allí. Girar una silla sobre una pata presagia frecuentemente una riña casera.

Cualquier pieza grande del mobiliario, tal como un armario, una mesa o un despacho, que se empiece a secar y se agriete significa un cambio de tiempo.

Si está durmiendo una noche y de repente siente como si el mundo se derrumbase, quizá es que se ha caído un larguero de su cama. Si es así, no se preocupe; esto significa que la riqueza estará pronto a su alcance. También relacionado con la cama, si cuando al levantarse por primera vez de la cama por la mañana lo hace sobre el reposapiés, presagia un día afortunado.

La cocina tiene sus propios presagios, también. Si las manzanas se queman mientras se asan en el horno, habrá buenas noticias para la cocinera. Si los huevos estallan al hervir, es señal de que se espera visita.

Mucha gente de todo el mundo detesta el blando precocinado arroz americano. El arroz natural se pega, tiene diferente textura. Cuando este tipo de arroz, forma un anillo en el borde de la cacerola mientras se cocina, preconiza que la cocinera será rica.

Derramar el azucarero es otra señal de dinero, probablemente viene de los días en que el azúcar era prohibitivamente caro. Derramar pimienta significa una riña próxima, mientras que volcar el salero es un presagio bien conocido de problemas. Arrojar una pizca de pimienta o de sal sobre el hombro evitará la mala suerte.

Mezclar accidentalmente sal y azúcar en una receta es una buena señal, sin tener en cuenta el gusto final del plato. Presagia buenas noticias. Olvidar añadir las especias mientras se cocina no sólo empeora el sabor de la comida, sino que anuncia que un problema se avecina. Remedie esto añadiendo las especias tan pronto como sea posible.

Burbujas en el café de la mañana indican dinero. Si están cerca del lado de donde bebe, el dinero vendrá pronto; si del lado opuesto, vendrá un poco más tarde.

Si bebe té, mire dentro de la taza; hojas de té flotando, significa que hay dinero en su camino. Las hojas de té por sí mismas, por supuesto, se pueden leer para predecir el futuro. Consigua un buen libro sobre el tema o simplemente observe los dibujos de las hojas y deje fluir sus psíquicos poderes.

Hay algunos sucesos de la cocina que anuncian lluvia. Si tiene que añadir mucha agua a la comida que está hirviendo, pronto caerá un chaparrón. Si la cafetera se va por fuera más frecuentemente de lo normal, esto también es un signo de una inmediata precipitación.

Muchos presagios emanan de la mesa del comedor. Cruzar los cuchillos mientras se pone la mesa predice largos viajes, mientras que si se cae un pedazo de pan de la mano de alguno, anuncia que un pobre pronto llamará a la puerta. (No tiene que ser necesariamente un vagabundo barbudo, puede ser algún amigo que se ha quedado sin dinero.)

Derramar agua sobre el mantel, por simpatía, indica que la lluvia está en camino. Si se le cae un vaso y no se rompe, prueba que tiene amigos que atravesarían el fuego por usted.

Si se cae la cubertería en la mesa indica la inmediata llegada de una visita —un tenedor representa un hombre, una cuchara una mujer—. Si se cae un cuchillo también significa una visita, siempre que la hoja se clave en el suelo.

A los animales frecuentemente se les observa para predecir el futuro. Un pájaro volando dentro de la casa sin razón aparente, es signo de buena suerte y fortuna para el propietario (pero quizá no para el pájaro). También puede anunciar noticias del extranjero.

Si las golondrinas anidan en su hogar, le darán muy buena suerte. Lo mismo sucede con el martín. Si oye a un sinsonte al quedarse dormida, la buena suerte será suya.

Hubo una vez que se tenían en el hogar a las serpientes como guardianas, y una serpiente en la casa todavía se considera que da buena suerte. Si una serpiente sube por sus escaleras, significa que alguien de otro país vendrá a su casa. Una serpiente en el jardín también trae buena fortuna.

Ver una araña por la mañana en la casa, o a cualquier hora, es buena señal; matar una trae mala suerte. Una araña o abeja entrando a la casa por una ventana abierta indica noticias en camino.

Puertas que se abren solas indican la llegada inminente de compañía. Rajas en el techo y hollín cayendo de la chimenea indican que se aproxima mal tiempo. Un cuadro que se cae anuncia un viaje para alguien de la familia.

Si una escoba cae delante de una puerta, pronto usted irá de viaje. (Recójala enseguida, no pise encima de ella.) Si se dejan las puertas del armario abiertas, la gente puede murmurar acerca de usted.

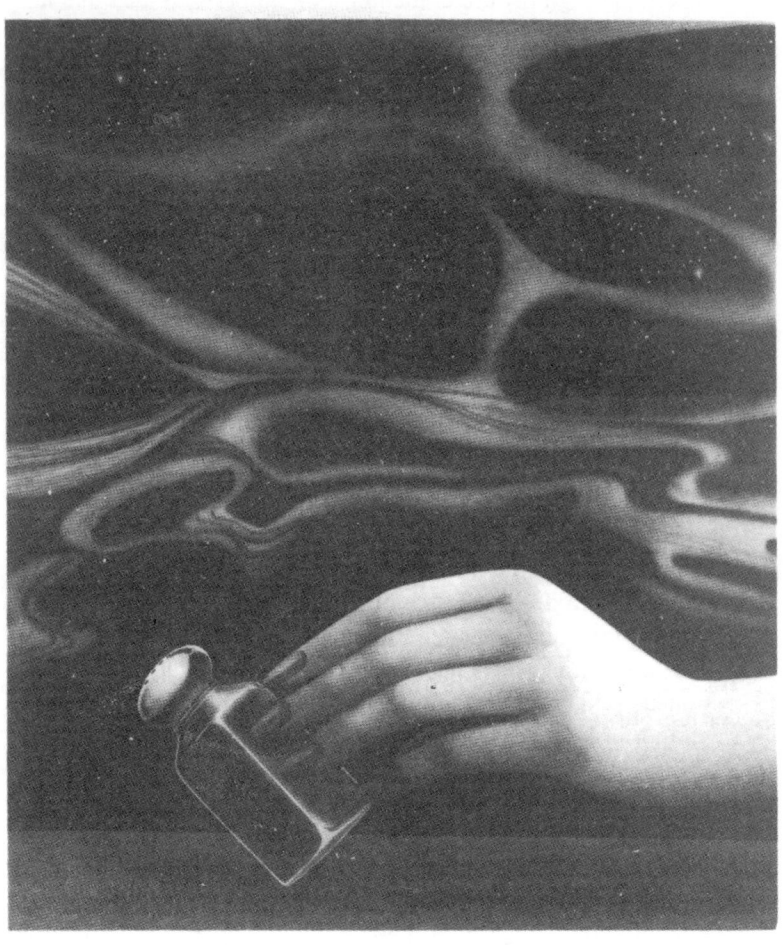

Si la puerta de su jardín se bate durante toda la noche, tendrá visitas al día siguiente. Y finalmente, si el timbre de la puerta suena y usted no contesta, perderá un amigo. (Esto probablemente lo inventaron los vendedores y cobradores.)

19 El Altar de la casa

La magia y la religión vuelven al hogar. Hoy en día mucha gente está convirtiendose de creencias ortodoxas para abrazar otras medio olvidadas de todo el mundo. Antiguas religiones y mágicos sistemas están experimentando renaceres populares. El dogma y la estructura están siendo dejados atrás en favor de nuevas formas de expresión religiosa. Acompañando este cambio ha habido un renacimiento de la música popular, con mucha gente investigando antiguas prácticas mágicas y usándolas para mejorar sus vidas.

Los seguidores de estas vías frecuentemente las practican en el hogar, ya que hay pocos templos dedicados a Atenea o Marduk y no todos nosotros tenemos la Serpiente Mound o Stonehenge en nuestro patio trasero.

Afortunadamente, el hogar puede ser un sitio ideal para actos de magia y expresión de fe. Rodeado por las energías familiares, la magia y la espiritualidad fluyen. Muchos prefieren estar cerca de los fuegos del hogar cuando se comunican con sus deidades o conjuran para conseguir energía curativa; allí se sienten más cómodos, sin peligro y seguros.

En algunos hogares, se dedica una habitación para la magia y los propósitos religiosos; en otros la casa entera es un "templo". Tal vez más frecuentemente se crea algún tipo de altar en donde tienen lugar los ritos.

Los altares de la familia tienen predecesores antiguos. En tiempos, el altar de la familia estaba dedicado a la religión "oficial"

del Estado. Con más frecuencia era el lugar en el que se reveren-
ciaban a los espíritus de la familia, deidades ancestrales y loca-
les y ahora olvidadas diosas y dioses de los árboles, estrellas,
frutos, animales y elementos.

Estos altares eran con frecuencia sencillos. Entre las formas
más comunes, se componía de un despejado espacio de tierra,
señalado con piedras, conchas o arena coloreada; un tronco de
árbol; un pequeño altar en el jardín y un nicho en la pared. Las
imágenes de las deidades frecuentemente se colocaban allí, con
cuencos o platos para depositar las ofrendas dejadas allí diariamente por los religiosos habitantes de la casa.

Aunque este capítulo se titula "El Altar de la Casa", la casa
entera puede ser vista como un altar a todas las deidades de la
vida. Los cimientos son la base del altar, el hogar es el fuego
sagrado, las ventanas, las velas luminosas y el jardín su ofrenda
de frutos y flores. Los que pisan sus suelos "adoran" la vida.

Tal vez usted quiera hacer un sencillo altar en su hogar. No
necesita ser para propósitos estrictamente religiosos; con frecuencia se utiliza solamente para magia o para otras prácticas espirituales, como meditación.

En realidad, puede ver el altar de su hogar simplemente como
un centro de energía, el corazón de la casa, manteniéndolo tanto a través de los malos como de los buenos tiempos.

Tal vez quiera disimular su altar. Con un poco de discreción,
puede pasar por una serie de objetos curiosos o extrañas piezas
decorativas. Si desea esconder su altar, intente ponerlo dentro
de un armario o un gabinete (tenga cuidado si utiliza llamas)
o en una esquina del dormitorio.

Lo ideal es un altar permanente, uno que nunca tenga que ser
desmantelado. Los altares funcionan mejor, si se les deja estar
tranquilamente, sin que nadie les moleste, cuando no se usan.
Deberían estar situados centralmente, fácilmente accesibles y colocados en un lugar que esté "bien". Si esto no es posible, simplemente coloque el altar cada vez que tenga que usarlo y luego
retírelo.

Como éste es un tema muy personal, usted sólo puede determinar qué objetos colocará en su altar. Si pertenece a una religión organizada o sigue una fe con específicos símbolos y divi-

nidades, puede colocar símbolos o imágenes relacionados con su fe en el altar. Esto conectará su hogar con las energías de sus prácticas espirituales. Un Wiccan, por ejemplo, puede incluir una estatua de la diosa Luna en el altar.

El Fuego, de cualquier forma, es un complemento frecuente en los altares, por lo que ha sido considerado sagrado. Las velas son muy apropiadas, lo mismo que sus antecesoras, las lámparas de aceite. Las velas en tarros de cristal —frecuentemente llamadas velas de "siete días"— son ideales para usar en el altar. Se pueden dejar ardiendo durante varios días con relativa seguridad y se pueden conseguir en una gran variedad de colores, utilizándolas por sus simbólicos significados.

Las velas blancas se dejan quemar continuamente en los altares de la casa, para aumentar la espiritualidad y la paz dentro del hogar tanto como para honrar a la deidad. Use los colores que le parezcan correctos. (Ver el Capítulo 2 para los colores de las velas y sus influencias en la casa.)

Encantamientos, amuletos y objetos de poder personal se pueden también colocar en el altar. Piedras favoritas, conchas recogidas en alejadas playas o cualquier otro objeto por el que usted sienta algo especial e importante, póngalos también en el altar. Muchos de los encantos mencionados en este libro son perfectos para su uso en el altar.

Si usted cree que una pila de fósiles guardará su hogar mejor que ninguna otra cosa, colóquela en el altar, donde sus poderes se acrecentarán.

Escoja objetos que tengan un especial significado para usted, que estén relacionados con la casa (pequeñas escobas, trozos de ladrillo, un dibujo de la estructura) o que sean mágicamente potentes (tréboles de cuatro hojas, plumas, coral o turquesa).

En algunas partes del mundo en estos días, estos altares se cubren con flores, plantas o frutos, los cuales son cortados agradeciéndole a la planta su sacrificio. Con las flores y hojas se pueden confeccionar guirnaldas o coronas. Cualquier flor de la estación se puede añadir al altar para aumentar sus poderes y apariencia. Son vistos como sacrificios a las energías, pero también admirados por su belleza.

La sal también se pone con frecuencia en el altar, en una caja, bolsa o jarra de cristal tallado. Limpia y purifica el altar y también le presta sus poderes para prevenir la pobreza y el infortunio. El incensario, es otro objeto muy común en el altar, proporciona un medio muy apropiado para honrar a la divinidad. Encender incienso diariamente y colocarlo en el quemador no sólo "agrada a los dioses", sino que también limpia la casa de pesadas vibraciones.

Quemar incienso regularmente es muy recomendable en la práctica de la magia casera*. Quizá el mejor incienso para el uso diario es el de varillas, el cual se puede encender fácilmente, colocar en un cuenco de arena o en un incensario. Escoja el incienso no sólo por su olor, sino también por sus poderes e influencias como se describe aquí:

Almendra: Sabiduría
Cedro: Purificación, dinero, salud
Cerezo: Amor
Canela: Espiritualidad, salud, protección
Coco: Purificación, relajación, aminoración de la conducta sexual
Ambar: Espiritualidad, protección, exorcismo
Gardenia: Salud, espiritualidad, amor, paz
Jazmín: Amor, suerte, dinero
Limón: Purificación, amor
Loto: Espiritualidad, protección
Almizcle: Pasión, valor
Mirra: Espiritualidad, protección, salud, exorcismo
Patchuli: Amor, pasión, dinero
Pino: Purificación, dinero, protección
Rosa: Amor, salud, protección, suerte
Sándalo: Espiritualidad, protección, salud
Vainilla: Amor

*Vea *(Publicado en español por Luís Cárcamo, editor. Madrid)* Cunningham: *El libro completo del incienso, aceites y pócimas.*

Si se consiguen, se pueden quemar conos o bloque de incienso, pero normalmente es tan difícil cortarlo con la base que la esencia original se pierde, lo mismo pasa con los palos de incienso. Pruebe diferentes clases hasta encontrar una que le guste.

Incienso natural o en polvo se quema en bloques de carbón hecho especialmente para estos usos (no el carbón usado para las barbacoas). Estos carbones se colocan en los incensarios o en calderos, normalmente en el altar. El bloque se enciende hasta que se ponga rojo, entonces el incienso se hecha encima de él. Esto es ideal si desea fumigar su hogar, ya que el carbón envía nubes de humo.

Usted puede hacer inciensos siguiendo las siguientes recetas o crear las suyas propias. Todos los ingredientes se deben pulverizar antes de mezclarlos. Aunque muchos inciensos caseros no huelen tanto como los palillos y conos comerciales que están artificalmente perfumados, son mucho más poderosos.

A continuación siguen unas cuantas recetas para uso casero.

Incienso para purificar la casa

Cedro — 1 parte
Sándalo — 1 parte
Mirra — 1 parte

Tritúrelo, mézclelo y quémelo en la casa cuando lo necesite.

Incienso sencillo para purificar la casa

Sándalo — 1 parte
Canela — 1 parte

Tritúrelo junto en el mortero y quémelo cuando lo necesite.

Incienso para la salud

Mirra — 2 partes
Salvia — 1 parte
Romero — 1 parte
Sándalo — 2 partes

Quémelo cuando haya enfermedad en la casa.

Incienso casero para la riqueza

Una pizca de polvo de la casa
Ambar — 3 partes
Mirra — 1 parte
Patchuli — 1 parte
Pimienta, nuez moscada y jengibre combinados —
½ parte

Pulverícelos juntos, quémelos cada jueves delante de un espejo.

Incienso protector

Albahaca — ½ parte
Ambar — 1 parte
Mirra — 1 parte
Pino — 1 parte
Salvia — ½ parte

Pulverícelos juntos, quémelos cuando lo necesite.

Si usted es practicante de magia, tal vez quiera colocar sus objetos e instrumentos rituales —tambores, sonajeros, hojas de cuchillo mágicas, cristales, cuerdas, varas y pentáculos— en el altar. Todo estará íntimamente unido con el bienestar de la casa y con su flujo espiritual.

Poner en conjunción el altar con los cuatro elementos es una práctica común. Los elementos son la suma de las fuerzas universales divididas en cuatro tipos básicos de energías. Invocando su presencia en el hogar le presta sus específicos poderes.

Un fragante capullo, una pluma o incensario humeando pueden representar el elemento del Aire, el cual aporta inteligencia y organización al hogar.

El elemento del Fuego está simbolizado por una vela ardiendo, una lámpara de aceite o un trozo de roca volcánica, como la obsidiana, crisolito o lava. El Fuego aporta al hogar calor, pasión, energía, protección y salud.

Un plato de agua o algún cristal de cuarzo simboliza el elemento del Agua, el cual trae amor, satisfacción, espiritualidad, psiquismo y un sentido de la unidad familiar al hogar.

Finalmente, un cuenco con tierra, una taza de barro, una pila de piedras o un recipiente con sal se relacionan con el elemento de la Tierra. Este elemento otorga a la casa estabilidad, fuerza física, una atmósfera sólida, dinero y comida.

Un objeto para cada uno de estos cuatro elementos se puede colocar en el altar para atraer todas estas influencias al hogar.

Un "guardián del hogar" es un añadido ideal al hogar. En esencia es un producto del pensamiento mágico formado por una concentración de energías, creado a través del ritual, el cual guarda y protege la casa y a todos los que viven allí.

Este guardián normalmente "reside" en un objeto físico —una roca, una estatua, un jarro o cualquier otra cosa—, el cual no debe usarse para otra cosa y debe llevar consigo si alguna vez deja la casa.

El guardián de la casa se puede hacer de diversas maneras. Por ejemplo una estatua de vikingo. Colóquela en el altar entre dos velas blancas ardiendo. Cree en su mente una imagen de este guardián: con su afilada espada, fiel a usted y a sus amigos, una diosa de tan intenso poder que un movimiento de su vara disuadiría a todo aquel que quisiese hacer daño a la casa, o un soldado con una ametralladora protectora. Ahora infúndales con una personalidad fuerte, autoritaria, amorosa, gentil pero firme.

Usted debe "ver" este guardián que ha creado y "saber" que protegerá su hogar. Diríjase a él con palabras, imágenes o gestos. Involúcrelo con el objeto. Déle instrucciones específicas. Por ejemplo: "Protege esta casa y a todos los que viven dentro. No permitas que entre nadie con motivos envidiosos, destructivos o peligrosos. Crece en poder."

Una vez que el objeto esté completamente cargado con el guardián, colóquelo en un lugar prominente de la casa. Un altar permanente es lo ideal, si tiene uno, o cerca de la entrada principal, el comedor o el dormitorio.

Déle al guardián poderes adicionales recordándole diariamente sus deberes y le servirá bien. Si se muda de casa, lleve a su guardián con usted a su nueva residencia y traslade su atención hacia el nuevo hogar.

La manera de que su altar encaje con su casa y con su vida depende de usted. Puede visitarlo cada mañana al levantarse, encender las velas, meditar durante unos momentos, apagar las velas y continuar con su vida diaria. O puede visitarlo una vez a la semana para realizar algún conjuro o decir una oración.

Una advertencia de todas maneras: El altar del hogar refleja a su propietario lo mismo que el tipo de hogar en el cual reside. Si su altar está sucio, desordenado, descuidado, límpielo lo mismo que la casa. Manteniendo el altar limpio y brillante le ayudará a crear un verdadero hogar mágico.

Si desea tal altar, invoque a los poderes de las deidades para bendecir y proteger su hogar. Infúndale vibraciones positivas, mágicas y elevadas. Deje que suba el humo del incienso y cree armonía.

El altar del hogar puede llegar a ser el foco mágico del hogar, pero esto no es lo ideal. Todos los aspectos del hogar y de la vida son mágicos. Esfuércese en ver esta realidad.

Tanto si usted cree que somos una evolución de la Naturaleza o hemos sido colocados aquí por un ser divino, viva la vida como un acto sagrado. Trate a su vida, su hogar y a sus seres queridos con reverencia, y la reverencia le retornará a usted.

La herencia mágica de una casa es rica y de una gran variedad. Practicando esta antigua magia nos unimos a nuestros predecesores y a los poderes que ellos tocaban, los de la Tierra, la Naturaleza y la Vida misma.

¡Su hogar puede ser mágico en realidad!

Glosario

Adivinación: el arte de obtener conocimiento a través de instrumentos que predicen acontencimientos futuros o estimulan los poderes psíquicos del usuario.

Amuleto: un objeto puesto, llevado o colocado para rechazar la negatividad u otras vibraciones: un objeto protector.

Botella de bruja: una botella, tarro o jarro conteniendo hierbas, trozos de cristal y otros objetos destinada para proteger a una persona o lugar (tal como una casa). Con frecuencia se entierra o se coloca en una ventana. En el pasado toda clase de cosas desagradables se añadían a la botella de la bruja, las cuales algunas veces eran usadas por los ignorantes para destruir los poderes de una "sospechosa bruja", de ahí el nombre.

Brujería: la práctica de la magia natural—magia usando hierbas, piedras y velas, conjuros, magia benéfica. También usada al referirse a la religión de Wicca.

Brujo/a: hombre o mujer practicantes de magia natural, conjuros y conocimientos de hierbas, una persona que trabaja con los elementos y con más magia terrenal que la gente común; también se usa para describir a los miembros de Wicca.

Chaman: un hombre o una mujer que ha obtenido conocimientos de otras dimensiones tanto como los de la Tierral, normalmente a través de alternativos estados de consciencia. Este conocimiento permite al chaman cambiar el mundo a través de la magia. Los chamanes fueron una vez conocidos como doctores brujos, pero este termino ha caido en desgracia, y hoy en dia los chamanes han ganado respeto como psicologos sanadores botánicos.

Chamanismo: la práctica de los chamanes, normalmente de naturaleza ritualista o mágica, pero raramente verdaderamente religiosa. El chamanismo no es tarea de sacerdote, si no de mágia. Tal vez el término de mágia natural sería más descriptivo.

Daño: eso que destruye la vida; más generalmente, toda negatividad, desde malos pensamientos a ataques físicos.

Desterrar: echar fuera al mal, la negatividad, los espíritus.

Elementos, Los: Tierra, Aire, Fuego y Agua. Estas cuatro esencias son los pilares del universo. Todo lo que existe (o tiene la potencia de existir) contiene una o más de estas energías. Los cuatro elementos están también "en libertad" en el mundo y dentro de nosotros mismos.

Escobón: escoba.

Exorcismo: el hecho de quitar las entidades o fuerzas negativas normalmente de un lugar o de un objeto (raramente de una persona).

Incensario: una vasija a prueba de calor en la cual se quema el incienso, un quemador de incienso.

Infusión: un té de hierbas, antes llamada poción. Las recetas difieren, pero las infusiones normalmente se hacen poniendo dos cucharadas de té de hierbas secas en una taza de agua caliente.

Magia: el proceso de causar cambios necesarios a través del uso de poderes naturales poco conocidos. No hay nada sobrenatural con relación a ella. Al ser un arte largamente olvidado y abandonado en nuestros días, es extensamente ridiculizado al mismo tiempo que temido. Pero todavía está aquí.

Magia simpática: el arte de imitar físicamente o representar el propósito de la magia, usado con ritual. La imaginación sirve para canalizar propiamente las energías usadas en magia.

Mal de ojo: la supuesta mirada capaz de causar gran daño, incluso la muerte, que fue hace tiempo universalmente temida.

Maldición: una concentración de energía negativa o destructiva, deliberadamente hecha y dirigida hacia una persona, lugar o cosa.

Mirar: mirar fijamente dentro de un objeto brillante o transparente —como el fuego, un tintero, o una bola de cristal— para despertar o aumentar los poderes psíquicos.

Muñeca de maíz: una construcción generalmente de forma humana, hecha de pedúnculos alisados y secos de plantas de grano (generalmente trigo, centeno, cebada, avena, etc.) representando la fertilidad de la Tierra y de la diosa. Eran trenzadas con las últimas gavillas recolectadas al final de la cosecha. Las muñecas no se hacían con las mazorcas. En su origen se refería a cualquier otro grano más que al maíz.

Pentagrama: una estrella de cinco puntas usada en magia durante centurias. El pentagrama representa a los cuatro elementos, además del quinto, el Espíritu o Akasha. También simboliza al cuerpo humano, los cinco sentidos y la mano. Es más frecuentemente usado en magia protectora.

Proyección astral: la práctica de separar la conciencia del cuerpo físico de tal manera que la primera puede moverse libremente a través del tiempo, espacio y gravedad.

Rueda del Sol: un antiguo símbolo solar. Estaba consagrada a Vis-
nú, el benéfico dios hindú de la Vida. Se conocía y utilizaba
en Islandia antes del año 1000 y también se usaba como amuleto contra el mal de ojo en la antigüedad en todo el mundo,
incluyendo Escocia, Grecia, Sicilia, Malta, Japón, Micenas, Tro-
ya, Norteamérica y a través de Europa. Más tarde ha adquirido una negativa reputación, debido al mal uso que hizo Hitler
de la svástica (sánscrito) como un símbolo de su nuevo orden.
Era un símbolo comparativamente común hasta tiempos recientes en alfombras, joyería y otros elementos antes de ser prosti-
tuido. En los Estados Unidos es usado todavía en los símbolos
de Pensilvania, como protección para reflejar y dispersar las
energías negativas.

Triliton: un grupo de piedras en las que dos están puestas de pie
mientras que otra está colocada encima de ellas formando un
arco. Stonehenge, en Inglaterra, contiene el más famoso triliton.

Visualización: el arte de formar imágenes mentales que son mágicamente utilizados para dirigir la energía y hacer que se realice
la necesidad visualizada.

Wicca: una religión contemporánea con raíces espirituales en la pre-
historia. Wicca adora las fuerzas de la vida del universo, per-
sonificadas por una diosa y un dios. Hasta hace poco se hacía
referencia a ella como "Brujería".